五当召珍藏

佛像 法器 其他

包头市五当召管理处 编

文物出版社

图书在版编目（ＣＩＰ）数据

五当召珍藏. 佛像、法器、其他 / 包头市五当召管
理处编. —— 北京 ：文物出版社，2017.3
ISBN 978-7-5010-4846-5

Ⅰ．①五… Ⅱ．①包… Ⅲ．①佛像－美术考古－内蒙
古－图集②法器－美术考古－内蒙古－图集 Ⅳ．
①K873.26

中国版本图书馆CIP数据核字(2016)第290540号

五当召珍藏 —— 佛像 法器 其他

编　　者：包头市五当召管理处

责任编辑：李　飏

摄　　影：刘小放　宋　朝

责任印制：陈　杰

责任校对：陈　婧

出版发行：文物出版社

社　　址：北京市东直门内北小街2号楼

网　　址：http://www.wenwu.com

邮　　箱：web@wenwu.com

经　　销：新华书店

制版印刷：北京图文天地制版印刷有限公司

开　　本：1270×965　1/16

印　　张：19.25

版　　次：2017年3月第1版

印　　次：2017年3月第1次印刷

书　　号：ISBN 978-7-5010-4846-5

定　　价：398.00元

五當召

趙樣初

序　言

包头地处祖国北疆、内蒙古自治区西部，其境南部黄河蜿蜒，中部阴山横亘，北部草原广袤，自古便是中原华夏族与北方游牧民族之间政治、经济、文化交流的重要地区，也是草原丝绸之路的枢纽所在。生息繁衍于这片土地上的各族人民，相互依存、交流融合，所创造的灿烂历史文化交相辉映，源远流长。以五当召为代表的宗教艺术，是内蒙古草原文化的重要组成部分，是蒙、藏、汉文化相互借鉴、相互交融发展的实物见证，是璀璨的蒙古民族文化瑰宝，在内蒙古地区清代、民国历史研究中占有不可或缺的地位。

党的十一届三中全会以来，民族宗教政策得到全面落实，寺庙各种法事活动得以恢复，广大信众有了聆听佛法、拜佛转经的自由，在包头市委、市政府的大力关怀下，在市民委、五当召管理处的精心策划组织下，《五当召珍藏》系列之唐卡、壁画卷，佛像、法器及其他卷终于和读者见面了。

几个世纪以来，历代洞阔尔班迪达呼图克图（活佛）以及在此修行的僧众，一直把五当召成千上万尊神像和几百幅唐卡作为信解的圣物，她们是那么的珍贵和稀有。见到这两部精美图录，让我不禁思绪万千。

将佛像、法器、唐卡、壁画等编辑、印刷、出版的功德是无量的，其意义也是深远的。不仅如此，这两本图录对于佛像欣赏和唐卡绘画制作可起到借鉴和示范作用，是难得的艺术珍品荟萃，极具收藏价值。

五当召绝大多数唐卡和佛像都是18世纪或在此之前的作品，能够真实地反映那个时期蒙古地区佛像绘制水平。值得一提的是，其中相当一部分就出自五当召手工艺者之手，他们根据自己所处的环境和对社会文化的理解，创造出能够代表那个时期的作品。这些艺术作品经过漫长的岁月，仍然讲述着当时鲜活的缘起故事，滋润着我们的智慧，催人奋进。

无论是唐卡还是佛像，都是严格按照《佛像度量经》的要求精心制作而成，绝不是人们一时的主观臆造。制作唐卡时，不仅要有精湛的绘画功底，颜料的选用也非常的考究，这些都是让作品始终保持那种固有的风格和颜色的必备条件。唐卡和佛像形成之后还要经过特定的宗教仪轨，这时的唐卡和佛像已经不是普通的艺术品，更是一种供人们崇拜和信解的圣物。

　　希望本套图录的出版能满足虔诚者和收藏者们的愿望。

　　愿佛缘永驻，法喜充满！

中国佛教协会常务理事
内蒙古自治区佛教协会副会长
包头市佛教协会会长

　　洞阔尔·嘉木样噶拉森图布丹却吉旺其格活佛

2017 年 3 月

目　录

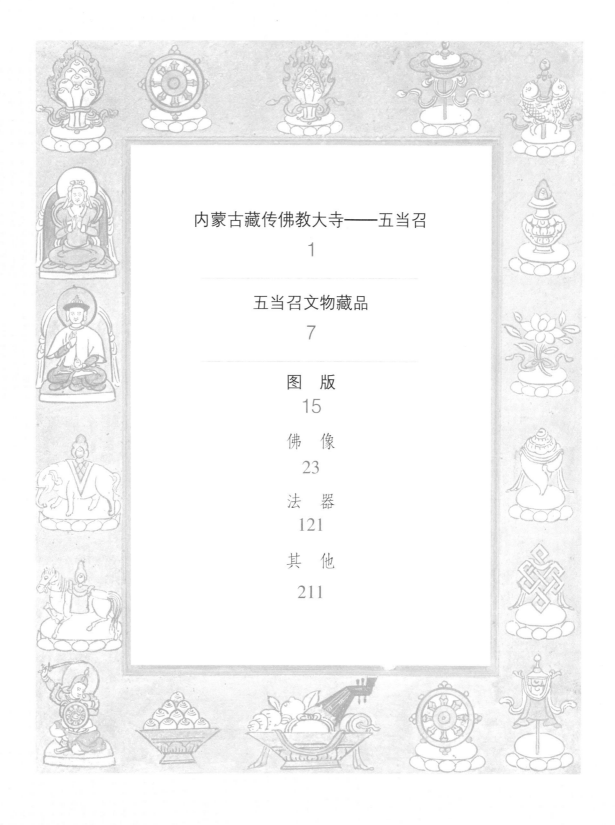

内蒙古藏传佛教大寺——五当召

王　华　张海斌

五当召位于包头市东北 54 公里，五当为蒙语"柳树"的意思，"召"即"寺庙"。藏名"巴达格尔禅林"，巴达格尔意为白莲花，禅林源于汉语，寺院之意。五当召白色圣洁的殿堂分布于翠绿掩映的山之阳坡，犹如朵朵盛开的白莲花，因五当沟而俗称五当召。召庙正式建于清乾隆十四年（1749 年），乾隆二十一年（1756 年）赐名"广觉寺"。清代归绥远将军管理，是内蒙古负有盛名的藏传佛教修行大寺，著名的"学问寺"，也是内蒙古目前留存最为完整、规模最大的藏传佛教寺院。1996 年被国务院公布为第四批全国重点文物保护单位。

一、五当召建筑及文物分布

五当召全部为平顶、厚墙、小窗的藏式建筑，墙体用石块或土坯垒砌，主要建筑除洞阔尔殿和当圪希德殿局部为黄墙红顶（边玛草）外，其余均为红顶白墙。最鼎盛时拥有殿堂僧房 2538 间，占地 20 万平方米，合三百余亩。现存主要建筑有六座殿堂、三座活佛府、一座灵堂，另有两座三层楼府、两座小黄庙、两处甲巴（藏语，分工办事机构）、一座荣肯（厨房）和 43 栋喇嘛住房、两座白塔及一座在原奴尼殿原址建立的称为金科殿的博物馆。

五当召主体建筑主要分布于吉忽伦图山阳坡，建筑约呈中轴线布局，同时限于地势，建筑少有沿中轴线左右对称分布，多为横向并列分布。佛殿建筑主要沿南北向山脊作为中轴线分布，苏古沁殿、洞阔尔殿、喇弥仁殿顺山势渐次升高，同时苏古沁殿与却伊拉殿并列，洞阔尔殿与当圪希德殿并列，这条轴线主要突出洞阔尔殿；三座活佛府和阿会殿分布于山的东坡，以洞阔尔活佛府最为突出，左右各建有章嘉活佛府和甘珠尔活佛府，建筑呈南北向并列分布。

（一）六座殿堂

1. 苏古沁殿　是全召最大的殿堂，始建于清乾隆二十二年（1757 年）。面阔 28.5 米、进深 45.6 米，殿前左右各有一小型建筑，为转经房。二层建筑，内凹式前廊，佛殿部分较经堂部分地势高出一层，外观看为前部两层、后部三层建筑。一层前部为经堂，为全召喇嘛集会诵经之场所，南、东、西墙壁绘有壁画，南壁多为护法神，东西壁为 108 个佛传故事。一层后部为面积不大的藏经阁，顺北墙供奉弥勒佛、文殊菩萨、观音佛像。三尊佛像两侧及靠东西墙壁是 6 米层高经架。二层前部为僧舍、仓房，西南有护法金刚室，后面为佛殿，佛殿地面修在山体岩石之上。佛殿南墙外壁绘布达拉宫及八大佛寺壁画，佛殿内高台上供奉觉卧佛等彩绘泥塑像。佛殿二层为阿底峡殿，供奉阿底峡铜像等。

苏古沁殿东北有坐北朝南二层建筑，名伊克仓，即大甲巴，管理苏古沁殿总务，兼管却伊拉学部收支。

2. 却伊拉殿及西三楼　却伊拉殿位于苏古沁殿西，与苏古沁殿两殿并列，建于清道光十五年（1835 年）。面阔 23.8 米、进深 29 米，为经堂两层、佛殿三层建筑，内凹式前廊，是却伊拉学部的殿堂，该学部在此举行经会。殿内供有 10 米高的弥勒佛像，贯通佛殿一至三层，弥勒佛像前供奉多尊佛像。殿内南墙壁绘护法神像，东西两墙壁绘佛传故事。经堂二层东西侧是仓房、僧舍。

却伊拉殿后有座藏式平顶三层楼，本名称荣阔，曾是该学部首席喇嘛、经师和学僧的住所，俗称"西三楼"。正面开门，一层为僧舍、仓房，二层中部一大间和东部两间为佛堂，内供奉宗喀巴师徒、护法金刚等佛像，三层为诵经堂。

3. 洞阔尔殿　居全召中心，位于苏古沁殿正北，创建于清乾隆十四年（1749 年）。面阔 19.5 米、进深 25.5 米，为经堂两层、佛殿三层建筑，带面阔 7.5 米、进深 2.8 米的二层外凸式前廊。经堂外表淋白，佛殿为石砌墙直接涂黄色颜料。洞阔尔殿是洞阔尔学部的殿堂，殿门上方悬挂"广觉寺"满、汉、蒙、藏四种文字匾额。殿东墙外侧设楼梯，殿前有石筑的讲经台。经堂一层北面正中为活佛座席，其后北墙壁绘有本召一世活佛的老师甘珠尔活佛画像，活佛座席西侧为本召一世活佛贴金塑像。西北角为彩沙曼陀罗制作台。经堂南墙壁绘有四大天王及各种护法神像，东西壁绘香巴拉国 33 位国王画像。佛殿一二层贯通，供奉宗喀巴铜像等，南、东、西墙壁绘有菩萨化现图等壁画。佛殿三层为佛堂，正中供奉时轮金刚佛龛，另有七处佛龛。

洞阔尔殿讲经台东有洞阔尔甲巴，是时轮学部分仓。两层建筑，门向西。

4. 当圪希德殿　东墙紧邻洞阔尔殿，后墙外表亦刷成黄色，建于清乾隆十五年（1750 年）。面阔 15 米、进深 11.5 米，是供奉众护法金刚的殿堂，殿门上端有藏文"错贡桑根"，意为护法秘神之殿，为前部一层、后部二层建筑。一层进门有小的前室，左右两侧设仓房，从前室进入护法神殿，正面供大威德金刚等七尊彩绘泥塑，两侧有本召守护神乔格其敖包神等金彩绘泥塑像。殿内南墙壁绘有六臂玛哈嘎拉等壁画。二楼东侧为一小室，西侧为佛堂，内供奉长寿三尊彩绘泥塑。

5. 喇弥仁殿　位于召西北小山阜上，建于清光绪十八年（1892 年）。面阔 16.7 米，进深 17.4 米，为佛殿三层、经堂两层建筑，外凸式两层前廊，是菩提道学部的经殿。殿内供有 9 米高的宗喀巴佛像，贯通一、二、三层。另供奉 1000 尊泥塑宗喀巴像，南墙壁有四大天王等壁画。二楼北部为天井，西南角为佛堂，内供奉文殊菩萨等尊像。

6. 阿会殿　位于洞阔尔活佛府东邻，是本召唯一一座坐西朝东的学部经殿，建于清嘉庆五年（1800 年）。面阔 16 米、进深 16.2 米，为二层建筑，带凸出两层前廊。佛殿内部不分层，地面与经堂二层楼顶在同一水平线，外观看为局部三层建筑。设有阿会（密宗）学部和附设的医学部。一层经堂供奉释迦牟尼、十八罗汉、四大天王等。门两侧墙壁及南北墙壁绘有护法神像等壁画。二层前面东南为佛堂，内供双身胜乐金刚，中间有天井，其余为仓房、僧舍。二层后面为佛殿，内正中供奉宗喀巴佛像等。佛殿四壁满绘壁画，有释迦牟尼、十八罗汉等。

（二）三座活佛府

1. 洞阔尔活佛府及东三楼　洞阔尔活佛府是一座建筑精致、坐西朝东的独立院落，由门楼、东西二层带前廊厢楼（各含侧门）、二层内凹式前廊主楼及廊檐组成一四合院。建于清乾隆四十九年（1784 年）。主楼面宽 21.8 米、进深 13.5 米，筑于汉白玉台基上。正厅是当年活佛议事及来访者朝拜的地方，正面为火炕，两侧有雕花槅扇，炕上正中是活佛座席，座席两侧顺墙摆放佛龛，内供奉千手观音等铜佛像几十尊。正厅南小室是起居室，正厅北小室是侍役者的住处。二层顶上开有天井，正厅是佛堂，其余为活佛静修之处。洞阔尔活佛府小院的南、北二层楼是高层执事喇嘛办公处。

活佛府东北的东三楼，坐西朝东，是活佛外仓管理者住所，一层是住所，二层原供奉九尊泥塑战神，三层是宴会厅。

2. 章嘉活佛府　位于洞阔尔活佛府南侧，建于清道光二十二年（1842 年）。主楼为二层带内凹式前廊建筑，面阔 16.6 米、进深 10.7 米，是章嘉活佛来召时的临时住所。门楣一块木雕藏文横牌，汉意为"章嘉呼图克图葛根板升"，一层为客厅，正面设炕，左右为章嘉活佛和侍从住所。二楼为佛堂和静修等场所，后来作为客寺活佛来召下榻处。

3. 甘珠尔活佛府　位于洞阔尔活佛府北，为一坐西朝东带门楼独立院落。建于道光二十二年（1842年）。主楼为带内凹式前廊建筑，面阔15.4米、进深10米。一层为客厅，西侧顺墙为火炕，存放佛龛、活佛座席及五世甘珠尔活佛大幅照片。南侧为活佛卧室，北侧为侍从及仓房。二层为佛堂。

（三）苏卜盖陵

位于阿会殿东北，东三楼之西。二层建筑，南北通长22.86米，东西宽11.73米，最早是一世洞阔尔活佛居所。因屡次加修，结构复杂，由四部分组成，相互连通。南面为一层门廊，门向南；北为面东两层建筑，一层北、西为七代活佛铜鎏金舍利塔，南供奉铜无量寿佛，内置相传可祛百病的浅绿色药石，二层西为佛堂，供奉十一面观音等尊像，东为阳台；再北为面东带院、带廊的二层建筑，一层为一世洞阔尔活佛祭奠堂，二层为仓房；北面为一层的僧舍、仓房。

（四）其他建筑

小黄庙　共2座。一座位于当圪希德殿西北山阜，坐北朝南，石块砌成，南面敞开，内有石质浅浮雕，北墙为宗喀巴师徒三尊，西墙为绿度母。另一座小黄庙在却伊拉殿西南，坐北朝南，前有树林称为黄园，内岩石浅浮雕宗喀巴师徒三尊，东墙石板浅浮雕积光佛母。

荣肯（厨房）　位于苏古沁殿东，坐东朝西，一层建筑，内置四口大铁锅，为寺庙大型活动制作饭食场所。

庚毗庙　在主体建筑群北3.5公里，顺东沟北上可至，乾隆十八年(1753年)始建，是五当召活佛、喇嘛避暑修行之地。庙建于山上，原有四座殿堂、一座活佛府、十四栋喇嘛住房和三个厨房，后毁坏，现修复活佛府、雅日尼殿、释迦牟尼殿。

二、五当召特色及价值

（一）五当召的特色

1. 山环水绕，生态良好　五当召建筑选址是由五当召一世活佛阿旺曲日莫、三世章嘉活佛、多伦的吉隆活佛、呼和浩特五世席力图活佛共同绘制了吉忽伦图、恰素太、扎拉三地的地形图纸，最后确定在吉忽伦图山南坡建寺。吉忽伦图一带山环水绕，林木茂盛，生态优良，也符合汉、藏的传统风水学说，为风水佳地。五当召依吉忽伦图山而建，山势渐次高升，是为祖山；吉忽伦图山两侧东沟、西沟交叉的河流汇聚于召前，汇入五当沟，是为明堂；召庙左右各有高山，左青龙较高，右白虎稍低，是为护山，召庙前方远处的小山为案山。五当召附近拥有广袤的森林、肥美的水草，生态良好，正如《绥远通志稿》卷一六描述，五当召"远而望之，一白如雪，加以群山环绕，曲涧交萦，麋鹿穿林，松杉蔽目，在天然美景中得此清净庄严之宝刹，益觉相映生辉，深足动人漓尘之感也"。

2. 规模宏大，留存完整　五当召建筑占地面积20余万平方米，合300余亩。主体建筑有六座殿堂、三座活佛府、一座灵堂、两座三层建筑，另有喇嘛住房40多栋，可谓规模宏大，而且这些建筑在经历"文革"之后几乎完整保存，实属难能可贵。五当召是目前内蒙古留存最大的藏传佛教寺院。

3. 典藏丰富，壁画精美　五当召收藏文物共6800多件（不含历史文档），其中经版4910件、金铜佛像327尊、唐卡500余幅，另有数量不少的法器、泥塑制品、瓷器、料器、玉石珠宝、织物、家具等，门类齐全。两尊高近10米的铜佛造像、大型坛城在内蒙古藏传佛教寺庙中首屈一指。许多文物为清宫廷和民国政府馈赠。五当召壁画总计 900 多平方米，其中以绘于苏古沁殿二楼的建筑壁画最为著名，壁画中绘有布达拉宫、大昭寺、色拉寺、甘丹寺、五当召、哲蚌寺、桑普寺、五台山、尼姑寺等著名藏传佛教寺庙建筑。

4. 人杰寺灵，声名远播　五当召历代活佛多受中央政府关注。清代本召活佛列入洞礼年班，其转世经理藩院金瓶掣签。五当召一世活佛曾获皇帝赐予的洞阔尔班迪达称号（《末代甘珠尔呼图克图自述》），二世洞阔尔活佛于清嘉庆六年至道光五年（1801 ~ 1825 年）期间，曾七次朝觐皇帝。三世与四世活佛经雍和宫金瓶掣签选定，四世活佛于清同治十一年（1872 年）朝觐皇帝。五世活佛于清宣统二年（1910 年）朝觐溥仪，民国三年（1914 年）经六世章嘉活佛引见，觐见民国大总统袁世凯，加封"弘道大智"称号。清康熙五十二年（1713 年）后，二世章嘉活佛正式成为总管内蒙古喇嘛教的领袖。五当召属章嘉活佛寺庙，三世章嘉选定了庙址，"五当"蒙语为柳树，"章嘉"藏语也为柳树之意。建成之后"广觉寺"寺名是通过三世章嘉活佛呈理藩院，由乾隆皇帝御赐。五当召现存御赐"广觉寺"纸样，背后写一行小字"章嘉胡吐克图请讨四样字篇一面广觉寺"。五当召活佛选定一般先报章嘉活佛，再报理藩院，五当召建有章嘉活佛府。五当召与甘珠尔活佛关系密切，五当召一世活佛师从一世甘珠尔活佛。四世甘珠尔活佛于清同治九年（1870 年）到多伦汇宗寺坐床，后到五当召学习二十多年，北京政府为其在多伦、北京、归化设立办事处，暂行章嘉活佛权，管理汇宗寺、善因寺。五世甘珠尔活佛于 1924 年夏历九月到五当召学习，时年十一岁，十九岁毕业。五当召与达赖、班禅也多有关系。七世达赖喇嘛授予五当召一世活佛"额日和·却尔吉"称号，清乾隆二十一年（1756 年）七世达赖赐寺名"巴达格尔禅林"。二世洞阔尔经六世班禅选定，五世活佛经十三世达赖喇嘛（十二岁）示谕。六世活佛寻访于 1920 年开始，由十三世达赖喇嘛从两个灵童中选定。九世班禅额尔德尼于 1932 年农历七月初一至初七莅临五当召，在喇弥仁殿北有"班禅包格丁敖包"。

5. 修行圣地，学术超群　设四大学部，洞阔尔学部、却伊拉学部、阿会学部、喇弥仁学部。首创喇弥仁学部。洞阔尔（时轮）学部，是密宗研习"时轮学"的学部，本学部主供神为时轮佛，佛像名和佛经名有《时轮金刚》，研习时轮学和遵照本学部密传修行方法是本学部的主修，天文、历算更多地注意实际应用。本召一世活佛因翻译《丹珠尔》"时轮金刚密法"受到皇帝嘉奖。却伊拉（显教）学部，以显宗的因明、般若、中观论、俱舍、律学的"五部大论"为主要教材，学习方法为诵经、理解、答辩、修持相结合。阿会学部（密宗学部），不仅供有密宗修行的胜乐金刚主尊造像和密宗经典，还有医理学部药师佛像和《四部医典》。医理学部是五当召喇嘛自发组织的，不在学部系统组织之内，但本召出过罗布森等著名蒙医。喇弥仁（成佛之道学）学部，是从五当召却伊拉学部分出来的一个学部，为五当召所独有。宗喀巴大师著作《菩提道次第广论》，这部著作又译名为《班琼喇弥仁》，也为这个学部的名称，喇弥仁学部则重视成佛成道方法上的探讨。

6. 地界广阔，收入颇丰　据五当召存档清嘉庆四年（1799 年）理藩院备案《广觉寺地域图》记载，五当召东界在今土默特右旗九峰山管委会板升图，西界在今固阳县金山镇南部甲浪沟，北界在今固阳县下湿壕镇北山，东北界在今武川县红格尔敖包，东南界在今土默特右旗境内额慕那呼和高勒，西南界在今包头石拐区五当召镇腮大坝。寺域范围东西 75 公里，南北 40 公里，面积达 3000 平方公里。新中国成立前，五当召收入中布施占很大一笔，为寺院宗教活动和寺庙修缮提供了保障；寺院本身拥有的属民，清嘉庆四年（1799 年）达 547 人，他们为寺庙服役，也创造积累了财富；五当召区域内畜群、水草费、农田、煤矿、瓷土矿等均有收入，五当召仅大榆树滩便有土地 40 余万亩，羊群常年每年超过 10 万只，1947 年召属区域内共有煤矿矿井 16 处，月产煤 9339000 吨，五当召每月派人去煤窑税卡收取营业利润的 25%。

7. 法会众多，宗教传承 据五当召清嘉庆九年（1804 年）至民国十四年（1925 年）蒙古文档案记载，前来广觉寺参加各种法会的各盟旗喇嘛从地域范围来看，北至今天的蒙古国，东北至呼伦贝尔草原，东到科尔沁草原，南到鄂尔多斯，西到阿拉善盟。五当召法会数量众多，主要有农历正月初八到十六《甘珠尔》经会、四月初八到十五佛诞日经会、七月二十五（小月为二十四）到八月初一的全年规模最大法会嘛尼经会、八月初二《甘珠尔》经会、十二月初七到二十三弘法祈福经会等。五当召现有第八世洞阔尔班迪达活佛坐床，八世活佛名阿拉木斯，1992 年生于内蒙古自治区包头市达尔罕茂明安联合旗满都拉，2006 年 10 月 24 日迎请入寺。

（二）五当召的价值

1. 完整性 五当召地处阴山山脉大青山腹地，由于历史上交通不便，相对偏僻，使其自然环境及建筑、壁画、佛造像等文物遭受人为破坏较少，环境格局基本完整、自然生态基本完整、主体建筑及相关历史建筑基本完整、可移动文物留存基本完整，随着宗教政策的落实和第八世洞阔尔活佛的认定，宗教活动和活佛制度得以完整传承。

2. 独特艺术性 五当召山水格局、建筑布局和装饰体现了自然和人文的巧妙结合及蒙、藏、汉文化和谐交融之美，而丰富的佛教造像、唐卡等文物典藏，原址置放，精工细作，美轮美奂，使召庙成为一座神圣的艺术殿堂。

3. 历史和文化研究的活化石 五当召是清王朝在蒙藏地区推行广封众建宗教政策历史背景下，由个人发宏愿兴建的一座寺庙，寺庙始建就得到准格尔旗（鄂尔多斯左翼前旗）王爷的资助，乌拉特东公旗捐赠了土地，寺庙与土默特部、乌拉特部、喀尔喀右翼（达尔罕）部、茂明安部等毗邻，在内、外蒙古地区广有影响，建筑、文物、档案系统传承，对研究内蒙古宗教史、清代史和近代史以及蒙古族文化、建筑都有重要价值。

五当召文物藏品

张海斌

五当召文物藏品以宗教类文物为多，多供奉或保存于寺内各殿、府、灵堂内，金科殿博物馆的文物多来自洞阔尔活佛府，包含了一些世俗用品。

一、五当召各殿文物分布情况

（一）苏古沁殿

一层前面经堂南、东、西壁绘壁画，南壁有大威德、大白伞盖佛母、吉祥天母等本尊、护法神，东西壁为 108 个佛传故事。一层后部藏经阁正中供奉铜弥勒佛像，西侧为文殊菩萨铜像，东侧为四臂观音铜像。二层佛殿南墙外壁绘布达拉宫及八大佛寺壁画，佛殿内高台上正面供奉 13 尊彩绘泥塑像，觉卧佛居中，另有文殊菩萨、观音菩萨等。东侧供奉狮面空行母、熊面空行母、虎面空行母彩绘泥塑像（第 69 页，图版 20），西面供奉弥勒菩萨铜像（第 87 页，图版 31），西南和东南两组泥塑洞龛内供奉泥塑彩绘十八罗汉，南面有泥塑彩绘马头明王和金刚手菩萨及四大天王。佛殿二层为阿底峡殿，供奉阿底峡铜像、宗喀巴师徒三尊彩绘泥塑和两座大型曼陀罗铜城。二层殿顶前部两侧各装一宝幢（第 150 页，图版 11），三层殿顶前部正中为莲花宝瓶，两侧有拉绳的力士（第 144 页，图版 9)，均为铜鎏金。

（二）却伊拉殿

殿内供有 10 米高的铜弥勒菩萨像（第 84 页，图版 30），贯通佛殿一至三层。弥勒佛像前由西往东有内供宗喀巴师徒三尊铜像的木龛、本召五世洞阔尔活佛贴金泥塑像、药师佛铜像、七佛铜像，西厢位置供奉本召最大千手千眼观音铜佛像，东厢位置供奉胜乐金刚铜像。殿内南壁绘护法神像，东西两壁绘佛传故事。东壁有蒙文题记，记述伊克昭盟副盟长、杭锦旗札萨克捐款绘制壁画事宜。经堂二层东西侧是仓房、僧舍，东侧一仓房内堆放大量藏文经版。二层屋顶前檐正中是铜鎏金祥麟法轮，两侧是铜鎏金宝幢。三层屋顶是铜鎏金莲花宝瓶，四角是铜苏勒德。

却伊拉殿后"西三楼"二层中部一大间和东部两间为佛堂，内供奉宗喀巴师徒、护法金刚等金铜佛像，经架堆放经函及各种法器。

（三）洞阔尔殿

殿门上方悬挂"广觉寺"满、汉、蒙、藏四种文字匾额（第 268 页，图版 37）。经堂一层北面正中为活佛座席，其后北壁绘本召一世活佛的老师甘珠尔活佛画像，活佛座席西侧为本召一世活佛贴金塑像。经堂南壁绘四大天王及各种护法神像，东西壁绘香巴拉国 33 位国王画像。佛殿一、二层贯通，北部正中供高 3.7 米的宗喀巴铜像，两侧为过去六佛贴金泥塑。佛殿南壁靠上绘一组大型菩萨化现图壁画，东西壁绘高达 6 米的十八罗汉壁画。佛殿三层为佛堂，正中供奉时轮金刚佛龛，另有 7 处佛龛。经堂门廊顶部正中有祥麟法轮（第 148 页，图版 10），两侧稍后置宝幢；佛殿顶部前檐置莲花宝瓶，两侧有宝幢；经堂顶前两侧拐角处及佛殿顶部四角装饰苏勒德，均为铜鎏金。

（四）当圪希德殿

从前室进入护法神殿，正中供奉大威德金刚彩绘泥塑，两侧自西向东供四臂玛哈嘎拉彩绘泥塑、骑狗天王护法铜像、六臂玛哈嘎拉彩绘泥塑、降阎魔尊铜像、降阎魔尊彩绘泥塑、吉祥天母彩绘泥塑。殿的西壁供奉财神毗沙门天彩绘泥塑，其南为本召守护神乔其尔敖包主彩绘泥塑，东壁为婆罗门护法彩绘泥塑，南为本召守护神吉忽伦图敖包主彩绘泥塑。殿内南壁绘六臂玛哈嘎拉、吉祥天母、金刚手等 11 尊尊像。二楼西侧为佛堂，内供奉长寿三尊无量寿佛、尊胜佛母、白度母彩绘泥塑。壁上挂 4 幅唐卡。殿顶装饰铜鎏金宝瓶和苏勒德。

（五）喇弥仁殿

殿内供有 9 米高的宗喀巴铜像（第 113 页，图版 43），贯通二、三层，是内蒙古地区宗喀巴铜像中最大的一尊，为察哈尔某王公所献。铜像东西两侧有克珠杰、贾曹杰泥塑，东、西、北壁及铜像前左右木制龛内供有模制宗喀巴泥塑像，加上二楼沿边摆放的木龛内宗喀巴泥塑像共 1000 尊。南壁有四大天王等壁画。二楼西南角为佛堂，内供奉文殊菩萨、大威德金刚等铜、泥尊像。天井内侧悬挂十几幅宗喀巴画传唐卡，沿天井两侧及东西壁、佛堂北侧放置木制佛龛，供奉宗喀巴小尊像。二层殿顶置祥麟法轮，两侧各有一宝幢；三层顶前檐正中置莲花宝瓶，屋顶四角置苏勒德，均为铜鎏金。

（六）阿会殿

一层经堂正面供奉释迦牟尼和二弟子及十八罗汉洞龛，前台座有四大天王泥塑彩绘。东南角为放置曼陀罗唐卡的多层木立柜。门两侧墙壁及南北壁绘有护法神像及六长寿图、和睦四兄弟、尊胜佛母等。二层前面东南为佛堂，内供双身胜乐金刚。二层后面为佛殿，内正中供奉宗喀巴铜像，向南依次为高僧贴金泥塑、大白伞盖佛母彩绘泥塑、佛龛（内供铜千手千眼观音、白度母等）、绿度母彩绘泥塑，向北依次为长寿佛彩绘泥塑、四臂观音彩绘泥塑、佛龛（内供铜八臂观音及纸筋制作的阿底峡、绿度母等尊像）、千手千眼观音铜像。佛殿四壁满绘壁画，有释迦牟尼、十八罗汉、四大天王、长寿三尊、八大菩萨、十六天女等。

（七）洞阔尔活佛府

一层正门木制风门及门罩（第 279 页，图版 43）为包头旧城汉族郭姓工匠巧手制作，顶部雕刻二龙戏珠，其下有福禄寿人物、花卉等。正厅炕上座席两侧顺墙摆放佛龛，内供奉千手观音等铜佛像几十尊。赠赐活佛礼品均收藏在这里。二层正厅是佛堂，正面摆放大佛龛数个，内供奉释迦牟尼、弥勒、观音、文殊、绿度母等尊像，壁上挂满唐卡。

活佛府东北的东三楼，二层供奉九尊泥塑战神像，现已不存。

（八）甘珠尔活佛府

一层西侧顺墙为火炕，存放的佛龛内供奉时轮金刚铜像和泥塑马头金刚像。

（九）苏卜盖陵

一层北、西为七代活佛铜鎏金舍利塔，北部正中供奉一世活佛灵塔，其西为二世活佛灵塔，东为三世活佛灵塔，西部自北向南安置四至六世活佛灵塔，每座灵塔都放置在雕刻精致的木龛内。灵塔形制大体相同，铜鎏金制作，其中以一世活佛灵塔最为华丽。一世活佛灵塔由狮子须弥座、覆钵式塔、眼光门、相轮、流苏、日月宝顶组成，整体为铜鎏金，个别饰件用银或银鎏金制成，镶嵌珊瑚、绿松石、青金石等，装饰繁缛，工艺精湛。与其他灵塔不同，二世活佛灵塔没有镶嵌珠宝石。一层南供奉一尊雕塑精美、装饰繁缛的无量寿佛铜像，一层供桌放置一块相传可祛百病的浅绿色药石（第 212 页，图版 1）。二层西佛堂内供奉十一面观音像、无量寿佛铜像，两侧佛龛内亦供奉尊像。

（十）金科殿

即博物馆。所藏文物主要来自洞阔尔活佛府，部分来自甘珠尔活佛府。大型坛城及一楼三尊泥塑佛像原供奉于苏古沁殿三楼。一楼千手千眼观音像据传原供奉于庚毗庙，后喇嘛背至却伊拉殿，之后放置于博物馆。

（十一）其他建筑

南部小黄庙岩石浅浮雕宗喀巴师徒三尊，东墙石板浅浮雕积光佛母。北部小黄庙北墙为石质浮雕宗喀巴师徒三尊，西墙为浅浮雕绿度母，据传绿度母像是建小黄庙时从地基内挖出的。荣肯（厨房）内置四口清代、民国时期大铁锅，有铭文。召北庚毗庙北部山崖有释迦牟尼及二弟子石浮雕。吉忽伦图敖包有骑虎执矛的敖包守护神石浮雕。

二、有关资料对五当召文物的记载

五当召有关文献资料较少，旧存五当召档案移交包头市档案馆管理，这批档案资料有不少是蒙文资料，目前正在整理中。

洞阔尔活佛府供奉的绿度母是本召二世活佛热西尼玛从拉萨请回来的[1]，此佛像在1952年活佛府火灾中被毁。二世活佛从清嘉庆六年（1801年）到道光五年（1825年）间，曾先后七次朝觐皇上，嘉庆皇帝赐给他貂裘、帡幪轿车、珊瑚念珠等，道光皇帝也赐玉念珠等珍贵礼物。四世活佛于同治十二年（1873年）前往北京，参加了为皇帝举办的年班例会，期间朝觐皇帝，皇帝赐予琥珀念珠等礼品。五世活佛于宣统二年（1910年）前往北京觐见宣统皇帝，得到琥珀念珠、蟒缎等物的赏赐[2]。五世活佛经六世章嘉活佛引荐，觐见民国大总统袁世凯，袁氏赐予"呼图克图"印信，并赏坐黄帷轿，又于五当召地域图上，令蒙藏院钤给印信，交本召永久保存，同时为五世活佛加封"弘道大智"称号。袁世凯加封五世活佛封号封册，封号一册书"加封弘道大智名号额尔德呢默尔根对音库尔班第达呼图克图阿噶潫丹金帕灵赖那木济勒"，另一册加盖篆书"封册之玺"印，署"中华民国三年二月二十八日"，全文为："大总统令：盖闻，升天成佛必以觉世为真诠，旌善念功亦以济民为至德，既树化成之伟绩，宜膺崇奉之殊荣。额尔德呢默尔根对音库尔班第达呼图克图阿噶潫丹金帕灵赖那木济勒，劝导各旗倾诚民国，本大总统特加封弘道大智名号，其益阐扬正教，敷畅宗风，推法性之灵明，慈灯永焰，挽迷途之众庶，觉岸同登。此令。"（第288页，图版45）

五当召建成之后寺名"广觉寺"，是通过三世章嘉活佛呈理藩院，由乾隆皇帝御赐。五当召现存御赐"广觉寺"纸样，是用双勾线勾描的满、汉、蒙、藏四种文字，背后写一行汉字"章嘉胡吐克图请讨四样字篇一面广觉寺"。章嘉活佛将四体文字及赐名印文纸样，交呼和浩特美岱召辅国公喇嘛扎布带回，本召按字样所制之匾悬挂于洞阔尔殿殿门之上[3]。

当圪希德殿一层东西两侧靠外部各有一尊本地守护神，靠东为吉忽伦图敖包主，名字叫玛拉沁；靠西为乔其尔敖包主，名字叫波姆拉。两尊均为红脸，戴盔，手持长矛，骑虎，相传他们住在距寺院数公里之外的吉忽伦图敖包和乔其尔敖包，每日骑坐骑在五当召周边巡视。现在两尊守护神各穿着一件黄色龙袍，龙袍刺绣五爪龙、水波纹、云纹，制作精美，出自宫廷。据称这两件龙袍是清朝廷赐给本召活佛的礼品，"文革"后期喇嘛准许返回寺庙，看到两尊守护神服装破旧，将库存皇帝赏赐的黄色龙袍披挂在他们身上，由于马蹄袖口小无法穿，又剪去袖口做了改装，至今可看到袖口弥补的丝绸。

五当召西沟深处有几座土房子，过去叫"包日板升"（意为工匠房），当时这里住着几户手艺人，据说他们的上辈是由准格尔台吉献给阿格旺却日莫（本召一世活佛）而来此地的，他们专门为五当召纺织各种用途的栽绒毯，制作金属法器、佛像和佛塔[4]。

据召内僧人讲，却伊拉殿高达 10 米的弥勒佛铜像是内蒙古多伦的工匠采用锤鍱工艺分段打造的，之后运到五当召再组装。这尊弥勒佛像"文革"中曾被掀翻在地，后恢复原状，对破裂处进行了修复，近年对佛像进行贴金装饰。

相传，六世活佛府邸门窗都为木制，结实耐用，封闭性好，但通风不好。六世活佛希望安装一个适用又有观赏价值的风门，于是来自包头城的郭姓师傅一展技艺，这位木工兼具泥瓦工手艺，令人折服地完成了这扇风门。风门及门罩，雕刻精细，人物、动物、花卉造型生动，玲珑剔透，引得无数善男信女前来参观[5]。

三、五当召佛造像、法器等文物情况

五当召收藏佛造像等文物有的是清朝廷赏赐给本召活佛的，有的是西藏一些寺院赠予本召的礼品，还有的是蒙古王公、官员、信众赠送，也有本召出资建造或购买。

（一）佛造像

造像分为金铜、泥塑、木雕、纸筋等几类。以金铜和泥塑佛像为最多。

1. 金铜佛造像　五当召的大型金铜佛像为数不少，如却伊拉殿的铜弥勒菩萨像（第 84 页，图版 30），高达 10 米，喇弥仁殿的宗喀巴铜像（第 113 页，图版 43）高达 9 米，是内蒙古地区数一数二的室内雕像。五当召高于 1 米的铜佛像有近 20 尊，如苏古沁殿一楼供奉的弥勒佛铜像高 1.9 米，文殊菩萨铜像高 1.03 米，四臂观音铜像高 1.15 米，二楼供奉的弥勒菩萨铜像（第 87 页，图版 31）高 2.2 米；却伊拉殿一楼的过去七佛铜像，身高均在 1.04 米，药师佛像身高 1.27 米，千手千眼观音像身高 1.86 米；洞阔尔殿一层主供宗喀巴铜像，高 3.7 米；阿会殿二层宗喀巴铜像高 1.55 米。这些较大的铜佛像，相传是清代在内蒙古多伦或北京制作。

五当召收藏金铜佛像以高 15 厘米至 35 厘米为最多。这些佛像除了来自北京及多伦，有不少来自西藏、内地。五当召博物馆收藏的两尊铜高僧像，莲座后面均见刻写藏文，一尊高 13 厘米，为萨迦法王扎巴坚赞，着交领僧衣，外披大氅，左手于胸前作说法印，右手结施与印，结跏趺坐于覆莲台上，莲台后无莲瓣，刻两行歌颂扎巴坚赞藏文；另一尊高 14 厘米，高僧内着交领僧衣，外穿袒右肩袈裟，双手抚于膝上，结跏趺坐于仰莲台上，莲台后不雕莲瓣，刻一行藏文，汉意为"敬礼仁钦索南丹巴"（第 116 页，图版 45）。在五当召博物馆还见到一尊除盖藏菩萨像，高 22 厘米，头戴五叶冠，面相方圆，左手当胸，右手执莲花宝瓶，自右肩伸出，璎珞装饰齐备，结跏趺坐于仰覆莲台上，莲台上有缯带搭覆，莲台后面无莲瓣，上竖刻"张氏"二字。

五当召收藏的部分金铜佛像，有的具有较早的特征。博物馆收藏的金刚手菩萨像（第 93 页，图版 34），高 22 厘米，发髻直立向上，头戴宽带状五乳丁式骷髅冠，左手握绢索，右手持金刚杵，帔帛缠绕，璎珞齐备，左展立姿于覆莲台上。此尊造像给人稚拙之感，四肢较粗短，不够有力，莲台莲瓣用线条表达，为元代造像。洞阔尔活佛府和博物馆收藏的部分铜佛造像，形象塑造具有发际与眉之间距离较近、肩部较浑圆、莲座莲瓣较丰满等明代特征，属明代造像。如洞阔尔活佛府收藏的绿度母像，高 11 厘米，此尊为观音五化现之一，头戴五叶冠，高髻，左手持莲花枝，右手结施与印，兽皮绕左胸，结半跏趺坐，右腿伸，坐于仰覆莲座上，莲瓣绕莲座一周，肌肤鎏金；铜鎏金药师佛像，高 12.5 厘米，着袒右肩袈裟，衣边雕刻花纹，仰莲莲瓣绕莲台一周；铜鎏金弥勒佛像，高16厘米，造像总体较为简洁，倚坐于台座上，着袒右肩袈裟，边缘有联珠纹装饰，腿部两层裙裳，局部均呈长方形；阿閦佛像（第44页，图版11），高16.5厘米，着袒右肩袈裟饰菊花纹样，边缘饰折线加点状纹饰，结跏趺坐于仰莲台上，莲瓣绕莲台前半部。博物馆收藏的10件铜佛造像，如铜鎏金文殊菩萨像（第82页，图版28），高23厘米，面相方圆，冠、耳珰及项链嵌绿松石，裙衣褶刻划流畅，仰覆莲座，莲瓣饱满围绕台座前；莲花手观音像（第78页，图版25），高17厘米，双手结禅定印，两侧伸出莲花，结跏趺坐于覆莲座，背后有两背光插孔（背光佚失），覆莲座置于方形高台上，后部五莲瓣，台座中间立雕狮子；阿閦佛像（第43页，图版10），高12厘米，肩部浑圆，着贴身袈裟，腰身较细，饱满莲瓣绕仰覆莲座一周；铜鎏金释迦牟尼佛像（第25页，图版1），高18.8厘米，左手结禅定印，右手结触地印，结跏趺坐，着袒右肩贴身袈裟，肩圆腰细，仰覆莲座，莲瓣绕莲座一周；弥勒佛像（第36页，图版7），高19厘米，倚坐于台座上，面露慈悲显方圆，手结说法印，脚粗大，衣贴身；阿閦佛像（第40页，图版9），高11厘米，肩浑圆，袒右肩袈裟，紧贴身，左手托钵，右手结触地印，台座正中有金刚杵；铜鎏金释迦牟尼佛像，高15厘米，脸、肩显方，腰细，衣贴身，覆莲座，莲瓣饱满，绕莲台前半部；白度母像，高14厘米，手、足、面共七眼，头稍扬，戴五叶冠，左手结说法印，肩伸莲花，右手结施与印，结跏趺坐，除左臂嵌饰珊瑚，其余冠、项、臂、手足腕部饰嵌绿松石，仰覆莲座，莲瓣饱满绕莲座一周；文殊菩萨像，高16厘米，面显方圆，肩、臂浑圆，细腰，裙雕花纹，头、项、臂、腕等部位嵌饰宝石，多佚失，仰覆莲座，莲瓣饱满而窄细，莲座后小部分不饰莲瓣；前面提及的高僧像，高13厘米，左手结说法印、右手结施与印，衣褶流畅、繁缛，边缘饰花边，覆莲座莲瓣饱满，背有两行藏文。

五当召有少量铜佛造像具有面相方圆、身板笔直、膝下衣褶呈椭圆形等特点，是明代汉地佛教造像。如大势至菩萨，高31厘米，头戴花冠，多处镂空，冠中饰化佛，面相方圆，耳珰、璎珞齐备，着双领下垂式通肩大衣，左手结说法印，右手结施与印，腿部衣褶呈椭圆形，结跏趺坐于两层仰莲座上，莲瓣饱满，环绕莲座一周；释迦牟尼佛，高24厘米，肉髻作弧状隆起，前有肉髻珠，肉髻占头部三分之一弱，面相方圆，双手作禅定印，结跏趺坐，右肩半披式袈裟，腰间以丝带系束，打结下垂，膝下椭圆形衣褶，衣边饰花纹，坐于两层仰莲座上；前述高22厘米的张氏菩萨像，发际与眉间距离近，面相方圆，膝下亦有椭圆形衣褶。

五当召有部分尊像为清仿早期佛造像，如四臂观音像（第81页，图版27），高24厘米，红铜制成，头顶化佛及面部泥金，座为黄铜，观音一面四臂站立于覆莲台座上，椭圆形环状火焰背光，后两臂上举分别持瓶及珠，前两臂左手置于髂部持物，右手结施与印，身向左倾，着裙，衣服贴身，腿部帔帛缠绕于身体左侧下垂，腰束带并自腰部顺两腿间下垂，造像仿十三、四世纪尼泊尔造像风格；莲花手观音像（第79页，图版26），高21厘米，红铜制成，面部泥金，站立于覆莲座上，戴高冠，耳际缯带向上，细腰，双腿僵硬笔直，总体造型欠协调，是清代仿制10世纪印度波罗王朝时期造像。

2. 泥塑 五当召殿堂内供奉的泥塑像较多，仅喇弥仁殿供奉的一模而制的宗喀巴像就达1000尊，除此之外，较大的泥塑有几十尊。大型泥塑以当圪希德殿、苏古沁殿、阿会殿较为集中，苏卜盖陵、喇弥仁殿等有少量。当圪希德殿正中供奉的大威德金刚彩绘泥塑高达2.1米，是该殿所有彩绘泥塑中最为高大的一尊，其他8尊泥塑为四臂玛哈嘎拉、六臂玛哈嘎拉、降阎魔尊、吉祥天母、财神毗沙门天、本召守护神乔其尔敖包主、婆罗门护法、本召守护神吉忽伦图敖包主，高均在1.6米以上。护法神像形象威猛、色彩鲜艳，做工精致，为清代作品，是本召较早的泥塑作品。当圪希德殿二楼供奉长寿三尊无量寿佛、尊胜佛母、白度母彩绘泥塑，高均在84厘米。苏古沁殿佛殿内高台上正面供奉13尊彩绘泥塑像，觉卧佛居中，高2.1米，觉卧佛两侧各塑一尊胁侍菩萨，高1.62米，再向外，两侧各有两尊泥塑菩萨，高1米，东侧再向外有绿度母、观音菩萨、白度母塑像，高分别为1.6、1.8、1.65米，西侧再向外为胁侍菩萨、文殊菩萨、胁侍菩萨像，高分别为1.65、1.8、1.65米，东侧狮面空行母像居中（第69页，图版20），高1.87米，北为熊面空行母，南为虎面空行母，高均为78厘米。西墙和东墙靠南两组泥塑山子洞龛内供十八罗汉，每组9个，分三层，每层三个，每个高约47厘米，形象塑造较为丰满。南侧东面为高1.8米的马头明王泥塑、西面为高1.75米的金刚手菩萨，马头明王的东边和金刚手菩萨的西边两两一组放置高86厘米的四大天王像。佛殿二层为阿底峡殿，供奉宗喀巴师徒三尊彩绘泥塑。阿会殿一楼正面供奉一组释迦牟尼和二弟子及十八罗汉、四大天王泥塑山子，是召内规模最大的一组泥塑，释迦牟尼佛高50厘米，十八罗汉一般高在37厘米左右，四大天王高34厘米，塑造较为精细。阿会殿二层亦供奉多尊彩绘泥塑，有高1.05米的宗喀巴弟子像、高1.05米的大白伞盖佛母像、高1.1米的绿度母像、高1.1米的长寿佛像、高1.24米的四臂观音像、高0.86米的贴金泥塑五当召五世洞阔尔活佛像等。五当召最高的泥塑是喇弥仁殿宗喀巴大型铜像东面的克珠杰、西面的贾曹杰泥塑，高均在3.6米。

小型泥塑也有不少精致者，如苏卜盖陵高11.5厘米的泥塑高僧像和高17.5厘米的泥塑上师像（第117页，图版46），两尊像均结跏趺坐于二层卡垫上，均着交领内衣，外披大氅，衣褶细腻，人物刻画个性鲜明。

3. 木雕　数量较少，共数十尊，不少制作精致。主要供奉于苏卜盖陵二楼和洞阔尔活佛府二楼。苏卜盖陵供奉的高28厘米的释迦牟尼佛像，袈裟贴身，衣褶清晰；高37.5厘米的长寿佛像，面目清秀，装饰精美；高50.5厘米的十一面观音像，造型高大，简洁端庄，是木雕精品。该殿另有高36厘米的大威德金刚像、高31厘米的大黑天像、高30厘米的六臂大黑天像等，雕刻精致，形象生动。洞阔尔活佛府供奉一组高约15厘米的高浮雕护法神像，有六臂大黑天、大红勇护法、吉祥天母、财宝天王（第106页，图版40）等，硬木制成，采用镂空透雕技法，雕工娴熟，形象塑造威猛有力，只在脸部涂金，眼、眉、鼻、口处点彩，其他部位用原料本色，给人自然、质朴之感。苏古沁殿供奉6尊木雕像，高在24.5～26厘米，有释迦牟尼、宗喀巴、高僧等造像，肌肤涂金，衣、座髹黄漆，衣纹、莲座刻划繁缛，制作精细。

（二）法器

五当召法器中有一件铜胜乐金刚八瓣莲花坛城（第132页，图版4）最为精致，该坛城现存于金科殿，底径14厘米，高33厘米，莲瓣可开合。胜乐金刚拥抱明妃站立于莲瓣中央，四位护卫与四个嘎巴拉碗相间环绕其周围，八瓣莲花内壁立雕胜乐金刚侍从，每瓣四层四个，外壁雕刻有关胜乐金刚经变故事，每瓣两层共16个画面；坛城柄部，也是莲梗部位，两侧又伸出三层细梗及莲花，顶部雕日月，最上一层茎向上伸展，下面两层两侧各雕两位菩萨，上面菩萨坐立，下面菩萨侧身、跨腿、身前倾、双臂上拥；坛城座为覆盆式，五层花纹，最上一层和第三层为两周联珠纹，中间夹有花叶及两只上、下逆向相叠的象、鹿等动物图案组成的纹饰一周，第四层为变形植物及动物面部图案，第五层为联珠纹。这件坛城顶部莲瓣相合之后的尖顶佚失。故宫博物院也藏有一件与之相近的器物[6]，二者均为黄铜制作。该器物底径14厘米，高43厘米，考虑到五当召收藏器物顶部佚失，这两件器物应当底径、高度是相同的。两件器物稍有不同之处是，柄部两侧细茎最上一层，故宫的呈圆环状，五当召的呈向外、向上伸展状。西藏布达拉宫收藏一件铜鎏金八瓣莲花密集金刚坛城，与五当召八瓣莲花胜乐金刚坛城造型相似，前者有"大明永乐年施"铭文，这类造型器物时代应为明代。五当召这件坛城可能是清朝廷赐予五当召活佛，由活佛带回本召。另有两件大型坛城（第 122、125 页，图版 1、2），除布达拉宫红宫坛城殿有三座大型坛城外，其他不见报道。

五当召洞阔尔活佛府在第一次全国可移动文物普查时新清理发现了一批精致的文物，如银制的供灯，金刚杵，供盘，铜制带款金刚铃、杵等。银供灯高 11.9 厘米，底刻"静贤"两字，两字下方六角形内刻"北京阜和银楼"；银金刚杵长 10.6 厘米，五股叉，外面的四股自摩羯口中吐出；银供盘口径 15 厘米，来自国外，口沿雕宝相花及花叶，印刻文字和数字，其中有"1846"数字；银盘口径 11 厘米，底刻"瑞记"两字；"乾隆年造"铜金刚铃（第 192 页，图版 33），高 22.2 厘米，铃钮部写顺读楷书"乾隆年造"四字；"乾隆年造"铜金刚杵（第 192 页，图版 33），长 17.6 厘米，圆珠状柄部写顺读"乾隆年造"四字楷书。

（三）瓷器和玻璃器

五当召收藏瓷器、玻璃器较多，其中带款的瓷器和玻璃器为数不少。初步统计如下。

除两件底署"大雄宝殿"瓷器外，带款瓷器共 12 件。单色釉瓷器共 7 件，"大清乾隆年制"款仿哥釉暗八卦琮式瓶（第 230 页，图版 13）一套 2 件、"大清乾隆年制"款霁蓝釉碗 1 件（第 229 页，图版 12）、"大清乾隆年制"款霁蓝釉盘（第 228 页，图版 11）一套 2 件、"大清乾隆年制"款钧釉双耳瓶一套 2 件；青花瓷共 2 件，"大清乾隆年制"款五福捧寿盘（第 226 页，图版 9）1 件、"大清乾隆年制"款如意双耳尊（第 224 页，图版 8）1 件；青花加紫共 1 件，"大清雍正年制"款人物故事鼻烟壶 1 件；粉彩共 2 件，"彩秀堂制"款粉彩红底开光牡丹纹碗（第 232 页，图版 15）1 件，"大清光绪年制"款粉彩"万寿无疆"碗（第 233 页，图版 16）1 件。

带款玻璃器，共 13 件。黄色玻璃器共 2 件，"乾隆年制"款碗（第 238 页，图版 19）一套 2 件；蓝色玻璃器共 6 件，"乾隆年制"款枝叶纹碗（第 239 页，图版 20）1 件，"乾隆年制"款猕猴献寿纹碗 1 件，"嘉庆年制"款渣斗（第 242 页，图版 23）1 件，"道光年制"款碗 1 件，"咸丰年制"款鼻烟壶 1 件，"光绪年制"款长颈瓶（第 243 页，图版 24）1 件；暗红色玻璃器共 4 件，"乾隆年制"款盘一套 2 件，"嘉庆年制"盘一套 2 件；棕色玻璃器共 1 件，"光绪年制"款碗（第 240 页，图版 21）1 件。

经统计五当召瓷器和玻璃器署年号款的共 24 件，其中雍正款瓷器 1 件，共 1 件；乾隆款瓷器 9 件，玻璃器 6 件，共 15 件；嘉庆款玻璃器 3 件，共 3 件；道光款玻璃器 1 件，共 1 件；咸丰款玻璃器 1 件，共 1 件；光绪款瓷器 1 件，玻璃器 2 件，共 3 件。署堂名款的仅乾隆"彩秀堂制"款瓷器 1 件。书款器物以乾隆时期最多，占 64%。这些瓷器、玻璃器过去均藏于洞阔尔活佛府，是清朝廷赐予五当召活佛的礼品。

四、五当召文物反映的问题

（一）关于建寺的时代

据本召第一世活佛传记，五当召正式建寺是清乾隆十四年，即 1749 年，但也有一种观点认为五当召于康熙末年破土动工，雍正五年（1727 年）大规模扩建[7]。五当召收藏的纪年文物如瓷器、玻璃器、法器等，以乾隆年间款为最多，早于乾隆时期的仅一件小型器物青花加紫的雍正时期瓷鼻烟壶，从纪年器物来看，支持五当召在乾隆年间扩建的观点。五当召存一份乾隆十年（1745年）十月十四日乌拉特西公旗镇国公及助理台吉致广觉寺函[8]，函是关于本旗台吉布登向广觉寺活佛献属下两户人家牧奴事宜的证明，可以看到五当召在正式建寺之前活佛在这一带已广有影响。本召一世活佛曾参加过乾隆六年至七年（1741～1742年）的蒙文《丹珠尔》的翻译工作[9]，正式建寺应不早于这一事件。五当召苏卜盖陵最早是本召一世活佛的休息处，后接盖扩建，还有北侧的小黄庙，这些小型建筑应该是正式扩建之前的建筑。

（二）与中央政府的密切关系

五当召洞阔尔班迪达活佛是呼和浩特地区很有影响的活佛系统，清代佛活系统列入洞礼年班，其转世经理藩院金瓶掣签[10]。五当召留存较多的官款器物及三世章嘉呈请乾隆皇帝题写广觉寺字样纸的发现反映了五当召建寺之后与中央政府的直接联系，证明了五当召在漠南众多藏传佛教寺庙中影响之广大。

（三）关于"黄绍竑敬赠"银壶

五当召金科殿收藏有一件"黄绍竑敬赠"银壶（第261页，图版32），银壶高18厘米，装饰菊花等纹饰，正面竖刻"黄绍竑敬赠"五字。黄绍竑（1895～1966年），广西容县人，著名爱国人士，新中国成立前历任国民政府内政部长，浙江、湖北省政府主席等职。1933年德王发动蒙古自治运动，10月17日中央令派黄绍竑以内政部长身份巡视内蒙古各蒙旗。黄绍竑一行10月29日抵归绥，11月10日抵百灵庙，行辕设于百灵庙之别院，在百灵庙驻留20余日。抵百灵庙后，黄绍竑将所带银器、绸缎、手表、茶叶等礼品，分赠德王等蒙旗王公[11]。此件银壶当属此次活动所赠之物。德王及其随从、护兵50余人在1934年夏历七月曾到五当召[12]，银壶或在此次活动中捐献于寺内。

和众多的寺庙一样，五当召客观上也充当了博物馆的角色，幸运的是，这座博物馆完整地留存了下来。

注释：

1. 清格勒扎布编著《漠南修行寺——广觉寺》，内蒙古人民出版社，2010年11月，第360页。

2. 呼和巴雅尔：《广觉寺史略》（初稿），中国人民政治协商会议包头市委员会文史资料研究委员会编《包头文史资料选编》第二辑，1982年7月；呼和巴雅尔：《广觉寺史略》，包头市民族事务委员会、政协东河区文史资料委员会合编《包头宗教史料》，1990年8月。

3. 王磊义、姚桂轩、郭建中：《藏传佛教寺院美岱召五当召调查与研究》，中国藏学出版社，2009年12月，第121页。

4. 同注1，第379页。

5. 参见万珠先生《五当召的风门艺术》一文，《包头日报》2005年11月15日。

6. 王家鹏主编《故宫博物院藏文物珍品大系：藏传佛教造像》，上海科学技术出版社，2003年12月，第56页。

7. 同注2。

8. 同注3，第142页。

9. 邓建新：《章嘉呼图可图研究》，宗教文化出版社，2010年6月，第172、173页。

10. 胡日查、乔吉、乌云：《藏传佛教在蒙古地区的传播研究》，民族出版社，2012年4月，第122页。

11. 广西文史研究馆编《黄绍竑回忆录》，广西人民出版社，1991年5月，第275页。

12. 同注1，第406页。

图版

图版目录

法　器

其　他

佛像

1. 释迦牟尼佛像

明　铜鎏金

高 18.8、长 15、宽 11.5 厘米

五当召博物馆藏

释迦牟尼是佛教创始人，三世佛的现世佛。此尊仲念宁静，弯眉连鼻，眉间白毫，双耳垂肩，螺发高髻，顶上宝物。着袒右肩式袈裟，左手结禅定印，右手结触地印，结跏趺坐于束腰仰覆莲座上。

2. 释迦牟尼佛像
  清　铜
  高 23.5 、长 17.9、宽 13.5 厘米
  五当召博物馆藏

此尊为成道相，面相清秀，神态庄严宁静。双眉细长，双目微睁，大
耳垂肩，螺发高髻，着袒右肩式袈裟，左手结禅定印，右手结施与印，
结跏趺坐于束腰仰覆莲座上。

3. 释迦牟尼佛像

清　铜

高 22、长 19、宽 11 厘米

五当召博物馆藏

此尊面相端庄，眉长连鼻，眉间白毫，螺发高髻，顶上宝物。着袒右肩式袈裟，左手结禅定印持钵，右手结触地印，结跏趺坐于仰覆莲座上。背光莲花缠绕，梁架形背靠饰以缠枝莲花，高台多角叠涩式须弥座，呈多角向上收缩的阶梯式，下有六足，饰以花纹。

4. 释迦牟尼佛像

清 纸筋

高 24、长 16、宽 9 厘米

五当召苏卜盖陵供奉

此尊为纸筋工艺制作。面相方圆，神态端庄，弯眉连鼻，眉间白毫，大耳垂肩。头戴嵌有宝石的宝冠，左耳后有缯带扬起。耳戴嵌有红珊瑚的耳环，颈佩嵌有珠宝的海螺坠项圈。左手结禅定印捧钵，右手结触地印，着袒右肩式袈裟，袈裟一角搭于右肩，结跏趺坐于束腰仰覆莲座上。

5. 释迦牟尼与七佛造像
清　铜
高 21、长 10.5、宽 9 厘米
五当召博物馆藏

主尊为释迦牟尼佛，周边为七佛，下方为四大天王。佛像造型生动，覆莲座上生枝蔓连接各尊佛像莲座，主尊释迦牟尼佛，眉间白毫，双耳垂肩，螺发高髻，顶上宝物，着袒右肩式袈裟，左手结禅定印托钵，右手结施与印，结跏趺坐于仰莲座上；周边七佛：毗婆尸佛（胜观佛）、尸弃佛（宝髻佛）、毗舍婆佛（一切胜佛）、拘留孙佛（灭累佛）、俱那含牟尼佛（金寂佛）、迦叶佛（燃灯佛）、释迦牟尼佛（能仁佛）；四大天王均着铠甲站立于莲座上：持琵琶的东方持国天王，持宝剑的南方增长天王，持蛇的西方广目天王，持宝幢的北方多闻天王。

6. 药师佛像

清 铜鎏金

高 16、长 11.5、宽 8 厘米

五当召博物馆藏

药师佛为梵文药师琉璃光如来的简称。此尊面相端庄、饱满，眉如弯月，双目微睁，双耳垂肩，螺发高髻，顶上宝物，着袒右肩式袈裟，左手捧钵，右手持药枝，结跏趺坐于束腰仰覆莲座上。

7. 弥勒佛像

　明　铜

　高19、长9.4、宽8.8厘米

36　五当召博物馆藏

此尊为弥勒佛坐姿像，面相庄严，双目前视，大耳垂肩，螺发高髻，顶上宝物，着袒右肩式袈裟，双手结说法印，垂脚坐于束腰方台上。台座四足，前方正中有脚踏。

8. 无量寿佛像

清 铜

高 13.7、长 9.8、宽 7.5 厘米

五当召博物馆藏

无量寿佛为阿弥陀佛化身。此尊面相方圆，眉目细长，螺发高髻，戴宝冠，发辫垂肩，耳戴花式耳珰，上身袒，饰花叶形珠状臂钏、手足腕饰。帔帛搭左肩绕于身后，双手结禅定印捧吉祥花卉宝瓶，结跏趺坐于卡垫上。

9. 阿閦佛像
　　明　铜
　　高 11、长 8、宽 6.8 厘米
　　五当召博物馆藏

阿閦佛梵文意为不动佛，为密教金刚界五佛之一，为金刚族诸神之主尊，大多金刚忿怒神和护法均被认为是此尊化身。此尊为装藏开光佛像，眉如弯月，眉间白毫，大耳垂肩，螺发高髻，头顶宝物，右手结触地印，左手结说法印捧钵，着袒右肩式袈裟，结跏趺坐于束腰须弥座上。须弥座为三面镂空，正面束腰饰有金刚杵。

10.阿閦佛像

明　铜

高 12、长 10、宽 7.5 厘米

五当召博物馆藏

此尊面相圆润，眉如弯月，眉间白毫，双耳垂肩，螺发高髻，头顶宝物，着袒右肩式袈裟，左手结禅定印，右手结触地印，结跏趺坐于束腰仰覆莲座上，座上放有金刚杵。

11. 阿閦佛像
　　明　铜
　　高 16.5、长 13.2、宽 13.5 厘米
　　五当召洞阔尔活佛府藏

此尊神态沉静，面相方圆，眉间白毫，大耳垂肩，颈有三道横纹，螺发高髻，顶上宝物，左手结禅定印，右手结触地印，着袒右肩式袈裟，袈裟有纹饰，结跏趺坐于束腰仰覆莲座上，座上放有金刚杵。

12. 大日如来佛像
清 铜
高 18、长 11、宽 6 厘米
五当召博物馆藏

此尊一头四面，神态宁静，弯眉细目，
鼻高挺，嘴微翘，双耳垂肩，戴花式耳
珰。螺发高髻，顶上宝物，佩戴嵌宝石
（佚）花冠、项链、钏环。袒上身，帔
帛绕肩于手臂垂于双腿旁，双手结禅定
印托法轮。结跏趺坐于仰覆莲座上。

13. 密集金刚像
　　清　铜
　　高16、长10、宽4.5厘米
　　五当召苏卜盖陵供奉

此尊为双身像，有三面六臂，头戴五叶冠，象征五佛或五菩萨。主臂环抱明妃"可触金刚佛母"，右手持金刚杵，左手持金刚铃；右上手持法轮；右下手持匕首（佚）；左上手持宝珠（佚），左下手持莲花（佚）。明妃三面六臂，冠戴、佩饰、法器（佚）与主尊相同，右上手持金刚杵，左上手持金刚铃，双腿环抱主尊。主尊两腿结双跏趺坐于束腰仰覆莲座上。

14. 大威德金刚像

清 铜

高 16、长 12、宽 6 厘米

五当召苏卜盖陵供奉

大威德金刚又叫牛头明王,为文殊菩萨忿怒相。此尊九头,分三层,第一层有七个头,主头两侧各一个,后面四个;第二层有一头为"参怖"吃人夜叉;第三层有一头为文殊菩萨本相。主头为牛面两角,戴人头项链。三十四臂分别持:钺刀、白筒、杵、标枪、钺斧、剑、箭、勾刀、棒、人骨杖、法轮、金刚杵、椎、匕首、手鼓、象皮、嘎巴拉碗、天王头、藤牌、鲜左腿、长绳、弓、人肠、铃、鲜左臂、丧布、三尖矛、炉、颅器、人左臂、军旗、黑布等。主臂拥抱明妃"罗浪杂娃",右手持金刚杵,左手持嘎巴拉碗。十六足,右八腿屈,压八人兽,表示是"八成就";左八腿伸,压八禽,象征"八自在"。明妃戴人头项链,饰璎珞、臂钏、手镯,右手持钺刀,左手持嘎巴拉碗,佩饰与主尊相同,左展立姿于覆莲座上。

15. 胜乐金刚像

清 铜

高 17.5、长 13.2、宽 5.5 厘米

五当召苏卜盖陵供奉

胜乐金刚又叫上乐金刚，藏密五部金刚大法之一。此尊头戴骷髅冠，红发高髻，饰羯磨杵。三眼四面十二臂。主尊主臂交叉拥抱明妃"金刚亥母"，右手持金刚杵，左手持金刚铃，余手持斧、钺刀、嘎巴拉碗、骷髅杖、金刚索、金刚钩、人头等法器（部分佚）。戴人头项链，穿虎皮裙，双脚踏湿婆夫妇，右展立姿于覆莲座上。明妃右手持钺刀，左手持嘎巴拉碗，饰璎珞，双腿环抱于主尊腰间。

16. 时轮金刚像

清 铜

高 21、长 18、宽 8 厘米

五当召苏卜盖陵供奉

时轮金刚是密宗主尊之一，典型特点为每臂两只手。此尊头戴五叶冠，红发高髻，三眼四面十二臂二十四只手。主尊主臂环抱明妃，右手持金刚杵，左手持金刚铃，余臂手持斧、钺刀、三叉戟、骷髅杖、金刚索、金刚钩、人头、嘎巴拉碗、螺等法器（部分佚）。戴人头项链，身穿虎皮裙。明妃四面八臂，主臂右手持钺斧，左手持嘎巴拉碗，迎抱主尊，余臂持金刚索、鼓、孔雀翎等法器（部分佚）。饰璎珞、臂钏、手足腕饰。与主尊双腿展立姿，右脚踏可怖妖魔、左脚踏欲望神于覆莲座上，座上置二菩萨装坐像。

佛母 度母

17. 尊胜佛母像
清 铜
高18、长11、宽8厘米
五当召博物馆藏

尊胜佛母是长寿三尊之一，大日如来的化身。此尊三面八臂，塔式发髻高耸，披发覆肩。头戴五叶花冠，面相端正，双眉弯曲细长，鼻梁坚挺，嘴角上翘。耳垂戴花形圆珰，佩挂项饰、臂钏、手足腕饰，帔帛缠身。正两臂手持法物已缺失；右上臂手托一尊阿弥陀佛小像为其主要辨识特征，其余两手分别结施与印、说法印；左上臂手结无畏印，其余两手分别持念珠、甘露瓶，结跏趺坐于仰覆莲座上。

18. 白度母像

清 铜

高 17.2、长 12.5、宽 8.3 厘米

五当召博物馆藏

白度母是藏密长寿三尊之一，在藏族信众中，尼泊尔的尺尊公主被看作是白度母的化身。此尊头戴五叶花冠，发髻高耸，佩耳珰，上身袒露，帔帛环绕，佩璎珞、项圈、钏环。双手和双足各生一眼，面上又有三眼。右手结施与印，左手结说法印，各拈持莲花（莲花蔓枝佚），结跏趺坐于仰覆莲座上。

19. 绿度母像
　清 铜
　高 17.5、长 13、宽 8 厘米
　五当召苏卜盖陵供奉

绿度母是观音菩萨化身，居二十一度母之首，是西藏之守护女神，松赞干布的妃子文成公主被认为是绿度母的化现。此尊面相方圆，丰满端正，高发髻，头戴五叶花冠，宝缯在耳畔飞扬，佩圆耳珰。袒上身，双臂两侧各有一枝莲花。右手结施与印，左手结说法印。周身帔帛，佩璎珞、臂钏。左腿横盘，右脚踏一朵莲花舒坐于仰覆莲座上。

20. 狮面空行母像
清 泥塑彩绘
高187、长80、宽36厘米
五当召苏古沁殿供奉

狮面空行母以狮子面为特征，此尊火焰形发髻，头戴五骷髅冠，宽鼻阔口，三目圆睁，作怒吼状。双眉亦作火焰形。袒胸露腹，佩项圈、璎珞、钏环，戴人头项链，均嵌珠宝。腰围虎皮短裙，帔帛自双肩垂于体侧，并向上作蛇形翻卷状。左手结禅定印，左臂持杖；右手高举持钺刀。右腿上屈，左脚踏人尸，舞立姿立于覆莲台上，身后为火焰形背光。

21. 十一面千手千眼观音像
　清　铜
　高约179、长73、宽60厘米
　五当召博物馆藏

此尊十一面，共分五层，下三层三面戴五叶花冠，最上一层戴五骷髅冠。下三层为三面，正面是见到行善众生生出的慈悲欢喜相，左三面是见到行恶众生生出悲心的大悲救苦相，右三面是见到净业众生生出的赞叹相。第四层为使善恶杂秽众生改恶向善而现出的暴笑相，顶上佛面是为修大乘的众生所做的说法相。菩萨上身袒，佩项圈、璎珞、钏环，下着裙，帔帛绕臂而出，头戴五叶冠，耳垂圆珰。身长八臂，身后两侧呈放射状雕刻千条手臂，每只手掌心有一眼；外缘刻划为更多的手；主臂双手合十，外伸的六臂结说法印，手持的法物已缺失。双足并立于覆莲座上。

22. 十一面观音像

清 铜

高 31.5、长 12、宽 7.7 厘米

五当召博物馆藏

此尊十一面，头分为五层，下三层
每层三面戴五叶花冠，第四层戴骷
髅冠，第五层为佛头。菩萨上身袒，
佩项圈、璎珞、钏环。下着裙，帔
帛绕臂而出，呈祥云状翻卷飘逸在
身侧。身长八臂，主臂双手合十，
外伸的六臂持弓箭等法物，结施与
印和说法印，双足并立于圆形覆莲
座上。

23. 十一面观音像
　　清　铜
　高 70、长 27、宽 20 厘米
　五当召洞阔尔殿供奉

此尊十一面，面庞与冠饰相隔排列。菩萨上身袒，佩项圈、璎珞、钏环。下着裙，帔帛绕臂而出，呈祥云状翻卷飘逸在身侧。身长八臂，主臂双手合十，外伸的六臂应持莲花、绳索、宝瓶等法物，但已缺失，结施与印和说法印，双足并立于圆形覆莲座上。

24. 十一面观音像

清　铜鎏金

高 34、长 15、宽 15 厘米

五当召博物馆藏

此尊十一面，面庞与冠饰相隔排列，上身袒，佩璎珞、钏环。下着裙，帔帛绕臂而出，呈祥云状翻卷飘逸在身侧。身长八臂，主臂双手合十，外伸的六臂持莲花、绳索、宝瓶法物，结施与印和说法印。双足并立于圆形覆莲座上。

25. 莲花手观音像

明 铜
高 17、长 9、宽 6 厘米
五当召博物馆藏

莲花手观音是观世音菩萨众多化身之一，因手执莲花而得名。此像头戴的宝冠已缺失，束冠的缯带呈扇形垂于耳两侧。面相端正，双眉细长，鼻梁坚挺。上身袒露，颈部戴有项链，佩臂钏。两手结禅定印，身双侧有莲花枝，下身着裙，结跏趺坐于覆莲座上。莲座置于方形高台上。佛像背部有两插孔，原应有背光，已遗失。

26. 莲花手观音像

清 铜
高 21、长 7.5、宽 5.6 厘米
五当召博物馆藏

此尊头戴花形高冠，束冠的缯带及披发垂于耳两侧。面相端正，双眉细长，鼻梁坚挺。上身袒露，颈部有项圈、折纹及联珠纹装饰，腹部佩两周联珠饰夹折线纹，下部左右各有一舌形两层装饰。钏环齐备，两臂下垂，右手结施与印，左手持莲花枝，莲花沿手臂上行至肩头开放。下身着花裙，帔帛缠绕，双腿直立，双足并立于覆莲座上。

27. 四臂观音像

清 铜

高 24、长 7、宽 7 厘米

五当召博物馆藏

四臂观音菩萨为藏传佛教崇奉的重
要神祇，有"雪域怙主"之称。此
尊高发髻，发髻前有顶佛，头后有
圆形火焰纹背光。面相方圆，眼睑
微开，作下视状，高鼻薄唇，佩花
形耳珰。上身袒露，饰项圈、臂钏
和手镯。前二臂下垂；余二臂举于
身体两侧，右手持念珠，左手持莲
花（佚）。上身微左倾立于鎏金的
覆莲座上。

28. 文殊菩萨像
明　铜鎏金
高 23、长 13、宽 19 厘米
五当召博物馆藏

文殊菩萨全名文殊师利，是智慧的化身。此尊面相方圆，双眉高挑，直鼻小口，神态沉静。发髻耸，头戴五叶花冠，束冠的缯带在耳畔打成扇形结，向下垂于耳际。佩大圆耳珰，束发披肩。袒上身，佩项圈、璎珞、钏环、璎珞、项圈均镶嵌宝石。帔帛自肩垂于身体右侧。下身着裙，裙摆自然垂于台座上。右手持宝剑，左手牵莲花一枝，仅存莲花在左肩上盛开，上置经箧。结跏趺坐于仰覆莲座上。

29. 文殊菩萨像

清 铜

高 20、长 9、宽 11 厘米

五当召博物馆藏

此尊面相方圆，双眉高挑，直鼻小口，神态沉静。发髻高耸，头戴三叶花冠，束冠的缯带在耳畔打成扇形结，向下垂于耳际。佩大圆耳珰。袒露上身，佩项圈、璎珞、钏环。下身着裙，裙摆自然垂于台座上，背光为莲枝缠绕。右手持宝剑，左手结说法印牵莲花蔓，莲花在左肩上盛开，上置经箧。结跏趺坐于仰覆莲台上，莲台置于六足多角叠涩式须弥座上。

30. 弥勒菩萨像
　　清 铜
　　高 1000、长 700、宽 560 厘米
　　五当召却伊拉殿供奉

此尊头戴五叶宝冠，中间叶子上有兽纹，上嵌有珠宝。发辫垂于肩，面相四方，大耳垂肩，戴嵌有珠宝耳饰，眉毛细长，目微垂，眉间白毫，鼻子高挺，饰璎珞，佩珠饰。右手结说法印持莲花法轮，左手持莲花净瓶，双腿垂坐。火焰背光，顶雕有大鹏金翅鸟，口衔绿色龙身，两爪高举龙尾，两边童子，宝冠后左右两神龙，头向外吐舌状。

31. 弥勒菩萨像

清 铜

高 220、长 117、宽 70 厘米

五当召苏古沁殿供奉

弥勒菩萨头戴五叶宝冠，除中间一叶其余珠宝佚。面相方圆，宽额直鼻，双手结说法印。左右肩生莲花，上置宝瓶、法轮。倚坐于台座之上，双脚踏覆莲座，台座包角，镶嵌珠宝。左右置宝塔，舟形背光，边缘镶嵌珠宝，顶浮雕大鹏金翅鸟，双爪紧抓其下两侧带冠的龙王的尾部，再下有摩羯、童子等，称为六拿具。

32. 弥勒菩萨像

清　银鎏金

高38、长12、宽15厘米

五当召博物馆藏

此尊眉目细长，眉间白毫，嘴小上翘，高髻，佩圆形花叶耳珰，
帔帛绕臂而出，呈祥云状翻卷飘逸在身侧。佩项圈、璎珞、钏环，
嵌珊瑚、绿松石等珠宝。两手牵莲花蔓枝，左侧莲花上有法轮，
右侧莲花上有净瓶，下身着裙裳，双足并立站于覆莲座上。

33. 弥勒菩萨像
清 铜鎏金
高 37、长 12.5、宽 39 厘米
五当召博物馆藏

此尊精致华丽，嵌有珠宝，背光火焰纹和卷莲纹，上饰有金翅大鹏鸟和龙神。发髻高绾，上饰顶严，头戴五叶冠，冠下有花结和缯带。上身袒露，饰璎珞，下穿裙裳，佩项圈、钏环。左手持莲花净瓶，右手持莲花法轮，双腿垂坐于须弥台座上，脚踏覆莲座。

34. 金刚手菩萨像

　元　铜

高 22、长 16、宽 7 厘米

五当召博物馆藏

金刚手头戴五骷髅冠，顶部火焰状红发直竖，束冠的缯带在耳畔向上打结。面生三目，阔鼻弯眉，张口露齿，连鬓胡须。颈部戴项圈及人头项链、钏环，身披帔帛，在头后绕为环形。上身袒露，圆腹，腹部缠绕一蛇。右臂向上举，手握金刚杵，左手结说法印持绳索。下身着兽皮，躯体壮实，四肢粗短。左展立肢于覆莲座上，莲瓣内饰纹呈火焰状。

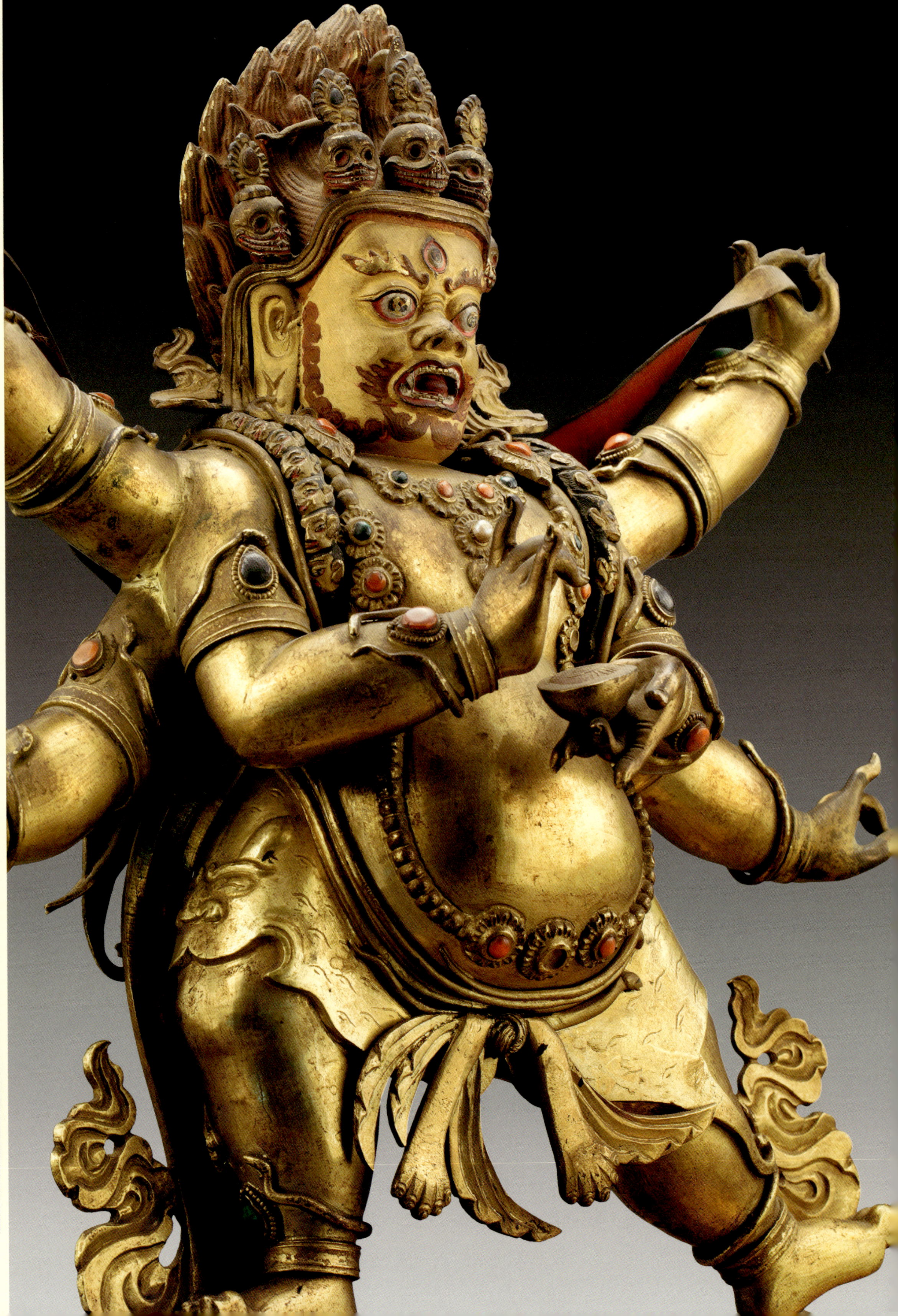

35. 大黑天像
　清　铜
　高 32、长 24、宽 13.5 厘米
　五当召博物馆藏

大黑天为梵音"玛哈嘎拉"的音译，意为救怙主，藏语叫"贡保"。有二臂、四臂、六臂等形象，此尊为六臂。头戴嵌宝石骷髅冠，缯带扬起，火焰发，发中现蛇。三目，怒目圆睁，红眉红胡须，龇牙咧嘴，戴嵌宝石耳饰，颈缠毒蛇，戴人头项链。主臂右手持钺刀（佚），左手持嘎巴拉碗。身披象皮，两上臂抓所披象皮象脚，下臂右手持人皮鼓，左手持金刚索（佚），穿虎皮裙，帔帛肩部饰人头，于脚后扬起，项圈、臂钏、手镯等饰嵌宝石，手足腕部有蛇缠绕。脚踏象头财神，左展立姿于仰覆莲座上。

36. 大黑天像

清 铜鎏金

高 23、长 16、宽 6.5 厘米

五当召博物馆藏

此尊为六臂，红色火焰发，发中现蛇，头戴骷髅冠，缯带扬起于耳后，三目怒睁，龇牙咧嘴，面相狰狞。耳戴环状耳饰，颈缠毒蛇，戴人头项链，象征伏魔的真言咒语。六臂，主臂右手持金刚杵，为伏恶除障；左手持盛满血的嘎巴拉碗，代表生命的执着。身披虎皮，两上臂持虎皮脚，下臂持法器（佚）。上身袒露，饰璎珞，佩珠环，穿天衣，帔帛于脚后扬起，下穿虎皮裙。脚踏手捧盛满鲜血的嘎巴拉碗的象头财神，左展立姿于覆莲座上。

大红勇保护法又名大红司命护法，是格鲁派最重要的大黑天护法神变化身之一。本尊红色火焰发，头戴嵌绿松石骷髅冠，缯带扬起，戴耳饰。三目怒睁，龇牙咧嘴，面目狰狞。右手持剑（现存剑柄），左手持人心（佚）喂向嘴。着蒙古武士战袍、战靴，帔帛扬起，踏魔障左展立姿于覆莲座上。

37. 大红勇保护法像
    清　铜鎏金
    高 19、长 11、宽 11 厘米
    五当召博物馆藏

38. 降阎魔尊像

清　铜鎏金

高 28、长 14、宽 14 厘米

五当召博物馆藏

降阎魔尊像是文殊菩萨降伏阎地狱主王变身。为八大怖畏金刚（吉祥天女、大黑天、马头观音、阎魔、降阎魔尊、战神、大梵天及财宝护法）之一。此尊头戴骷髅冠，缯带扬起，牛头人身，三目怒睁，龇牙咧嘴，须发眉毛均为红焰形。戴人头项链，手持法器（佚），全身袒露，饰嵌宝石璎珞、联珠装臂钏、手足腕饰。左展立姿踏人尸于覆莲座上。

39. 降阎魔尊像
    清　铜
    高 27、长 22、宽 13 厘米
    五当召博物馆藏

此尊头戴骷髅冠，缯带扬起于耳后，牛头人身，三目怒睁，龇牙咧嘴，
红火焰发。斜肩搭人头骨项饰，左手持嘎巴拉碗，右手持法器（佚），
全身袒露，饰嵌宝石璎珞、臂钏、手足腕饰，左展立姿踏全身裸平躺人
尸于覆莲宝座上。

40. 财宝天王像
　清　木
　高 14.5、长 13.1、宽 9.5 厘米
　五当召洞阔尔活佛府藏

财宝天王乐善好施，为北方的多闻天王。在藏传佛教中认为是五方佛中宝生佛的化身，在汉传佛教里是观世音菩萨的化身。本尊火焰背光，高髻饰宝物，面相威严。着铠甲、战靴，帔帛扬起，右手持伞盖，左手持鼬鼠，游戏坐骑狮于覆莲座上。狮身前有摩尼宝珠，底座饰有十字金刚杵。

41. 黄财神像
　清　铜鎏金
　高17、长12、宽8厘米
　五当召博物馆藏

黄财神为密教之护法神，是藏传佛教各大教派普遍供养的五姓财神之一，为诸财神之首。本尊头戴五叶冠，耳戴环形饰叶子耳环，右手持珠宝，左手持鼬鼠。上身袒露，穿天衣绸裙，帔帛于肩上扬起，饰璎珞，佩珠环，舒坐于覆莲座上，右脚踏海螺宝。

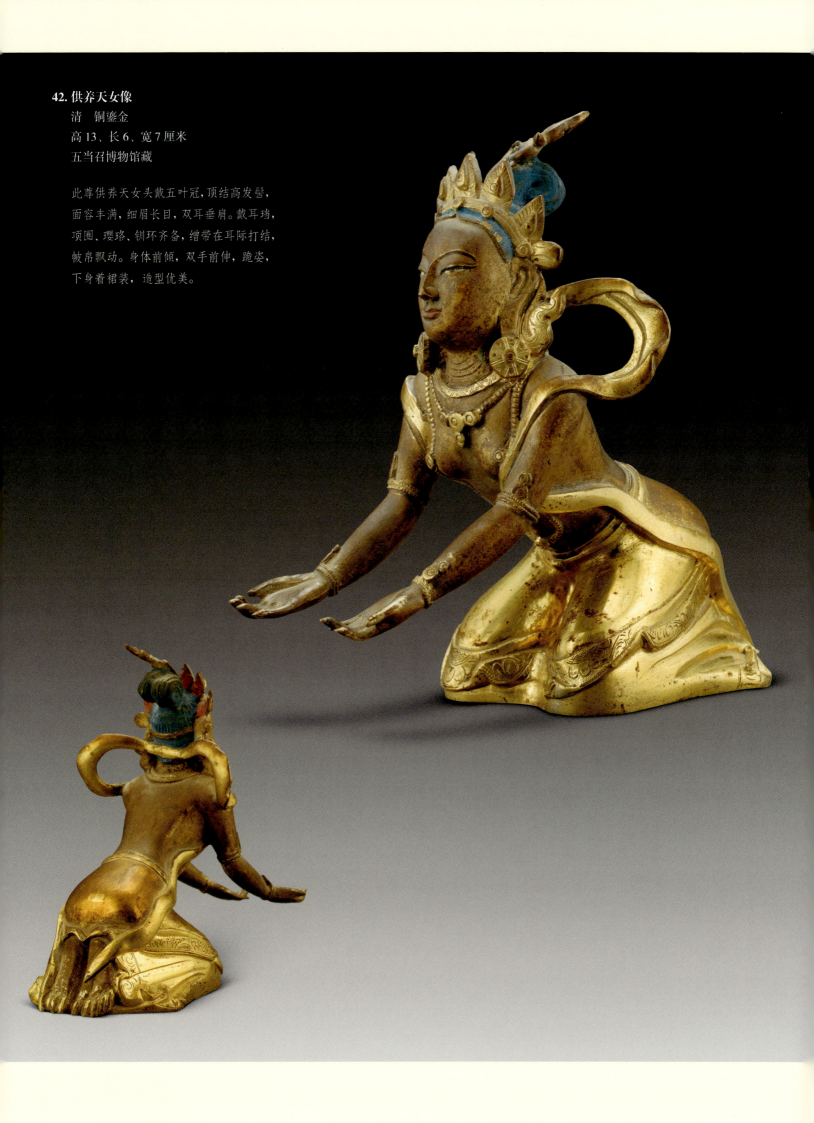

42. 供养天女像
清　铜鎏金
高 13、长 6、宽 7 厘米
五当召博物馆藏

此尊供养天女头戴五叶冠,顶结高发髻,
面容丰满,细眉长目,双耳垂肩。戴耳珰、
项圈、璎珞、钏环齐备,缯带在耳际打结,
帔帛飘动。身体前倾,双手前伸,跪姿,
下身着裙装,造型优美。

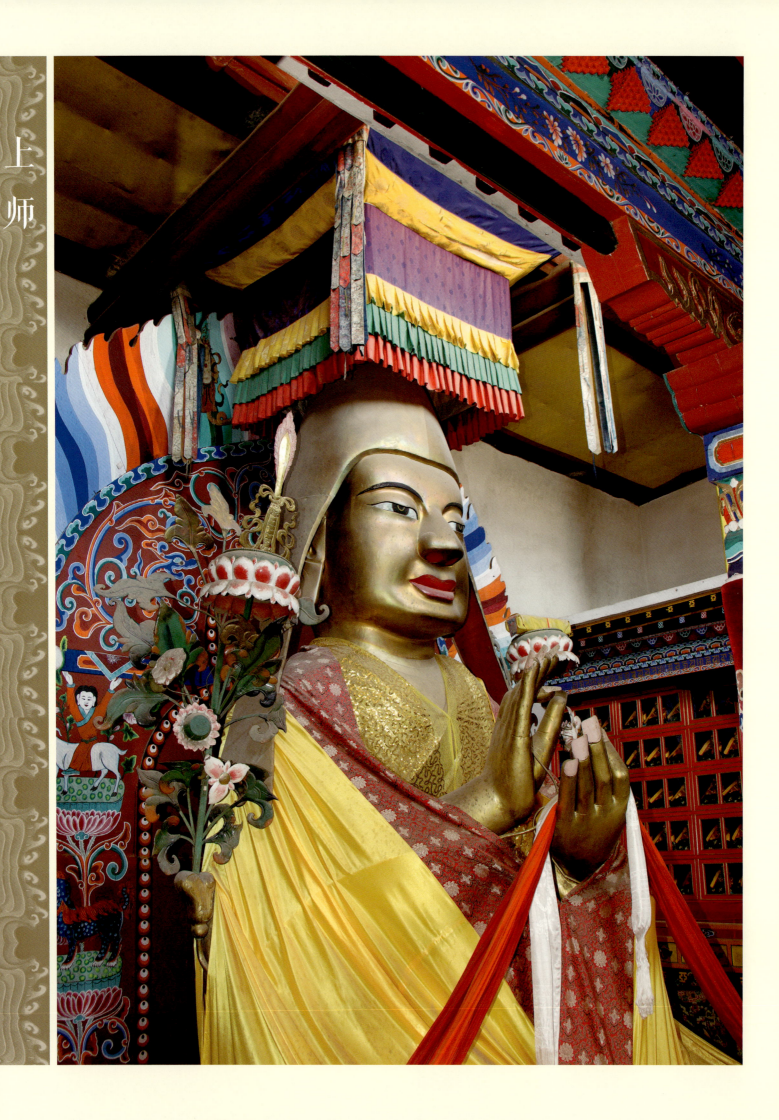

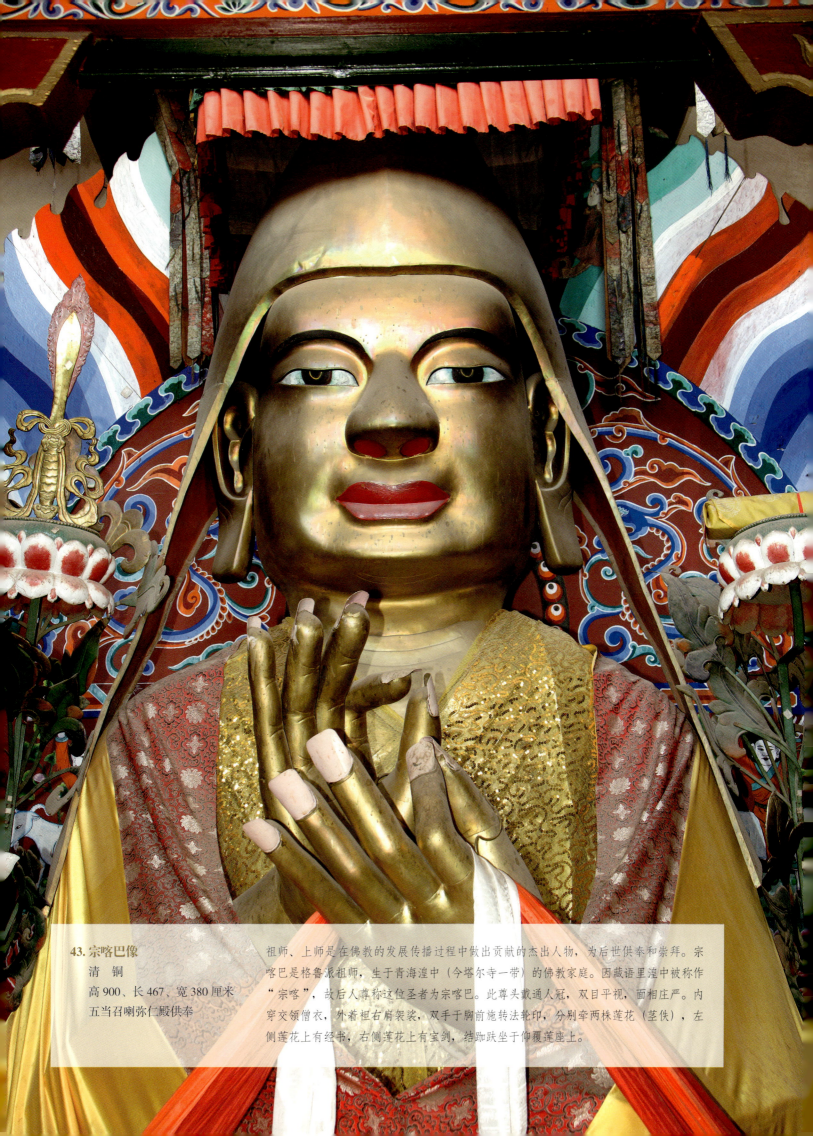

43. 宗喀巴像

清 铜

高 900、长 467、宽 380 厘米

五当召喇弥仁殿供奉

祖师、上师是在佛教的发展传播过程中做出贡献的杰出人物，为后世供奉和崇拜。宗喀巴是格鲁派祖师，生于青海湟中（今塔尔寺一带）的佛教家庭。因藏语里湟中被称作"宗喀"，故后人尊称这位圣者为宗喀巴。此尊头戴通人冠，双目平视，面相庄严。内穿交领僧衣，外着袒右肩袈裟，双手于胸前施转法轮印，分别牵两株莲花（茎佚），左侧莲花上有经书，右侧莲花上有宝剑，结跏趺坐于仰覆莲座上。

44. 宗喀巴像

清 铜

高 16.5、长 10、宽 6.8 厘米

五当召博物馆藏

此尊头戴通人冠，双目平视，面相庄严。内穿交领僧衣，外着右肩半披式袈裟，双手于胸前结转法轮印，分别牵两株莲花。结跏趺坐于仰覆莲座上。

45. 索南丹巴像

清　铜鎏金
高 14、长 8.9、宽 6.9 厘米
五当召博物馆藏

此尊发髻宽广，双目平视，面
相庄严。内穿交领僧衣，外着
袒右肩袈裟，双手平放于膝部，
结跏趺坐于仰莲座上，莲座下
有圆形底座。莲台后藏文为：
"敬礼仁钦索南丹巴。"

46. 上师像

清 泥塑

高 17.5、长 15、宽 10 厘米

五当召苏卜盖陵供奉

此尊头戴通人冠，两侧飘
带宽短，双目平视，面相
庄严。内穿交领僧衣，外
着袒右肩袈裟，左手结禅
定印，右手结说法印，结
跏趺坐于双层高垫上。

47. 三世章嘉活佛像
　清　铜
　高 17、长 14.6、宽 12.5 厘米
　五当召洞阔尔活佛府藏

三世章嘉若必多吉（1717~1786 年），为清代藏传佛教四大活佛转世系统之一——章嘉活佛系统最为著名的活佛。作为大国师，分管京城、漠南蒙古地区宗教事务。此尊头戴通人冠，双目平视，面相庄严。内穿交领僧衣，外着袒右肩袈裟，右手于胸前结说法印持金刚杵，左手结禅定印持金刚铃，两手分别牵两株莲花，左侧莲花上有经书，右侧莲花上有宝剑，结跏趺坐于高垫上。

法器

1. 时轮金刚坛城

　　清　铜鎏金

　　高 98、底盘直径 167 厘米

　　五当召博物馆藏

　　曼陀罗汉意译为"坛城"、"坛场"。此坛城城基为圆形底盘，外圈为火焰墙，象征坚不可摧之意；坛城中央有方形台座，台座四面均有台阶，正对台座上经殿的四扇门；正方形经殿，平顶不出檐，平顶上有一单檐歇山顶建筑，经殿四面各一门，代表四个方位，殿顶及四周装饰幡幢、莲花等，殿内供养时轮金刚及众贤。此城系时轮金刚本尊及眷属聚集的道场，显现其佛教所见之宇宙的真实，或代表佛教的宇宙模型。此坛城造型精美，工艺精湛，弥足珍贵。

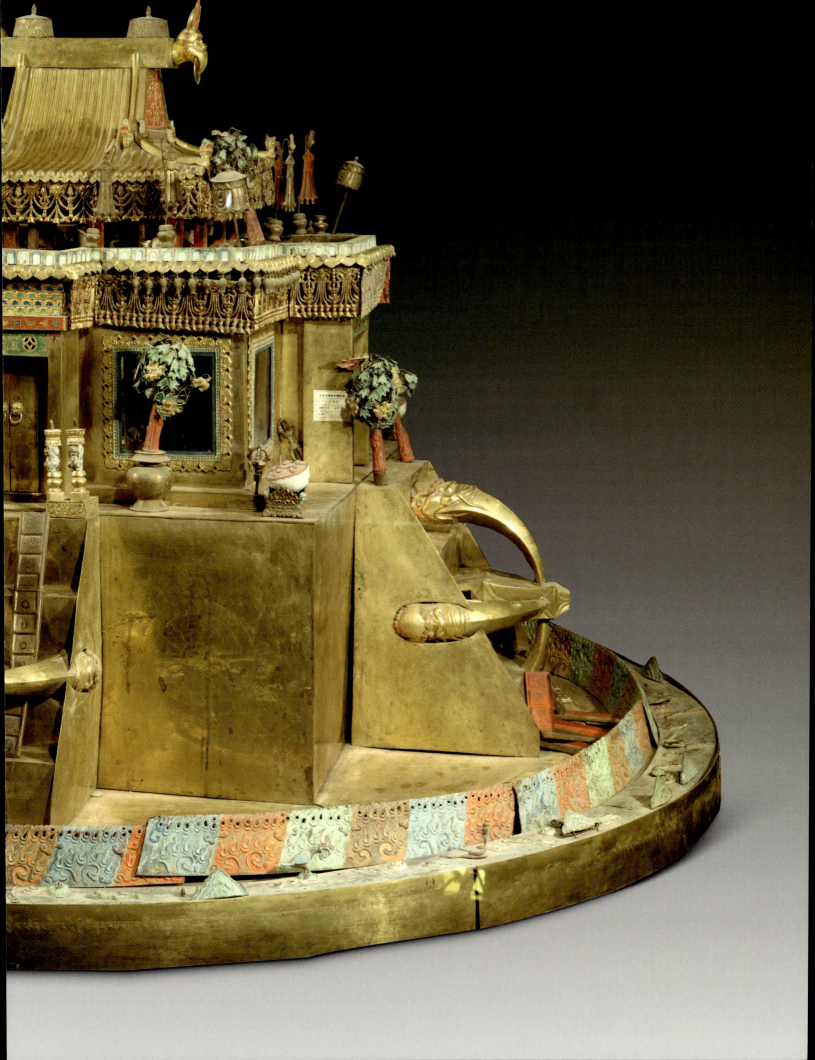

2. 大威德金刚坛城

清　铜鎏金

高 126.5、底盘直径 195 厘米

五当召博物馆藏

为圆底盘，方供台，仿歇山顶建筑。城基为圆形，外圈为火焰墙，内圈则排列护法杵，象征坚不可摧之意；坛城中央有方形台座，顺四面台阶而上，可至方形经殿门前；正方形经殿，四面各一门，代表四个方位，殿顶及四周装饰幡幢、八瑞相等，殿内供养大威德金刚及众贤。此城系大威德本尊及眷属聚集的道场，显现其佛教所见之宇宙的真实，或代表佛教的宇宙模型。整个坛城，宏伟壮观，是祈请万佛常驻之所，其景致设计精巧、庄严绚丽，为难得之佳品。

3. 坛城

清　木、铜

高 35、长 77、宽 60 厘米

五当召博物馆藏

主体结构为木质，外裹铜皮。双层方供台，顶部为正方形经殿，歇山顶建筑，四面各一门，代表四个方位，顺四面台阶而上，可至方形经殿门前。外层供台台壁饰莲瓣纹，台面绘制海水纹，内层供台台壁四角饰卷形莲叶纹。设计精巧，造型美观，工艺独特，是祈请万佛常驻之所。

4. 胜乐金刚莲花坛城

明 铜

高 33、底座直径 14

莲花瓣直径 22 厘米

五当召博物馆藏

分为底座、莲茎和莲花瓣三部分，莲顶缺失。圆形底座浮雕有莲花、人物、动物；莲茎顶部两侧雕日月，莲茎分两层雕四位菩萨，上层两菩萨静坐，下层两菩萨跃身抱莲茎，姿态生动传神，菩萨四周雕细莲枝回旋盘绕；胜乐金刚拥抱明妃站立于莲花瓣中心，主尊外围为可闭合的莲花八瓣，莲瓣内外两侧高浮雕护法神。胜乐金刚为藏传佛教密宗主尊，瑜伽部本尊，五大金刚之一。此曼陀罗设计成八瓣莲花状，构思巧妙、技艺精湛。

5. 七政八瑞满达
　清　铜
　高 15、直径 41 厘米
　五当召博物馆藏

满达，即坛城。扁平圆柱状，顶部边缘刻有博山纹、连弧边菱形纹、方块、圆形等纹饰，中央有四层方形塔，塔顶镶嵌绿松石，绿松石四周有八瓣莲花，塔周围浮雕鎏金八瑞相。满达周壁浮雕鎏金金轮宝、神珠宝、玉女宝、主藏臣宝、白象宝、绀马宝、将军宝七政宝及莲花铺首两个。七政宝之间填以缠枝莲花纹，莲心嵌绿松石。供奉时盘中应盛满五谷杂粮。

6. 摩尼宝珠廊柱式须弥座涅槃塔

清　铜鎏金

高93、边长57厘米

五当召却依拉殿供奉

由塔基、塔身、塔颈、塔尖四部分构成。塔基为两层高方座，每侧饰有摩尼宝珠、佛塔及莲花等纹饰，配有12根圆柱；塔身为覆钵式，正面有一个佛龛；塔颈为十三层"伞轮"及伞状顶饰，两侧为火焰形饰带；塔尖为日月及滴焰，称为刹顶，代表苍穹，显示佛光普照。此塔为纪念释迦牟尼涅槃而制作。

7. 双狮须弥座菩提塔
　清　铜鎏金
　高 43、边长 26 厘米
　五当召苏古沁殿供奉

由塔基、塔身、塔颈、塔尖四部分构成。塔基为多阶方形须弥狮座，每侧雕饰双狮、摩尼宝珠及宝相花等纹饰；塔身为覆钵式，正面有一个佛龛；塔颈为带有十三层"伞轮"及莲花伞状顶饰，两侧为火焰形饰带；塔尖为日月及滴焰，称为刹顶，代表苍穹，显示佛光普照。此塔为纪念释迦牟尼在菩提树下降魔成道、觉悟成佛而制作。

8. 双狮须弥座菩提塔

清　木

高 46、边长 28.5 厘米

五当召洞阔尔殿供奉

由塔基、塔身、塔颈、塔尖四部分构成。塔基为"狮座"的多阶方座，每侧雕饰双狮、摩尼宝珠及宝相花等纹饰；塔身为覆钵式，正面有佛龛；塔颈为带有十三层"伞轮"及莲花伞状顶饰，两侧为火焰形饰带；塔尖为日月及滴焰，称为刹顶，代表苍穹，显示佛光普照。此塔为纪念释迦牟尼在菩提树下降魔成道、觉悟成佛而制作。

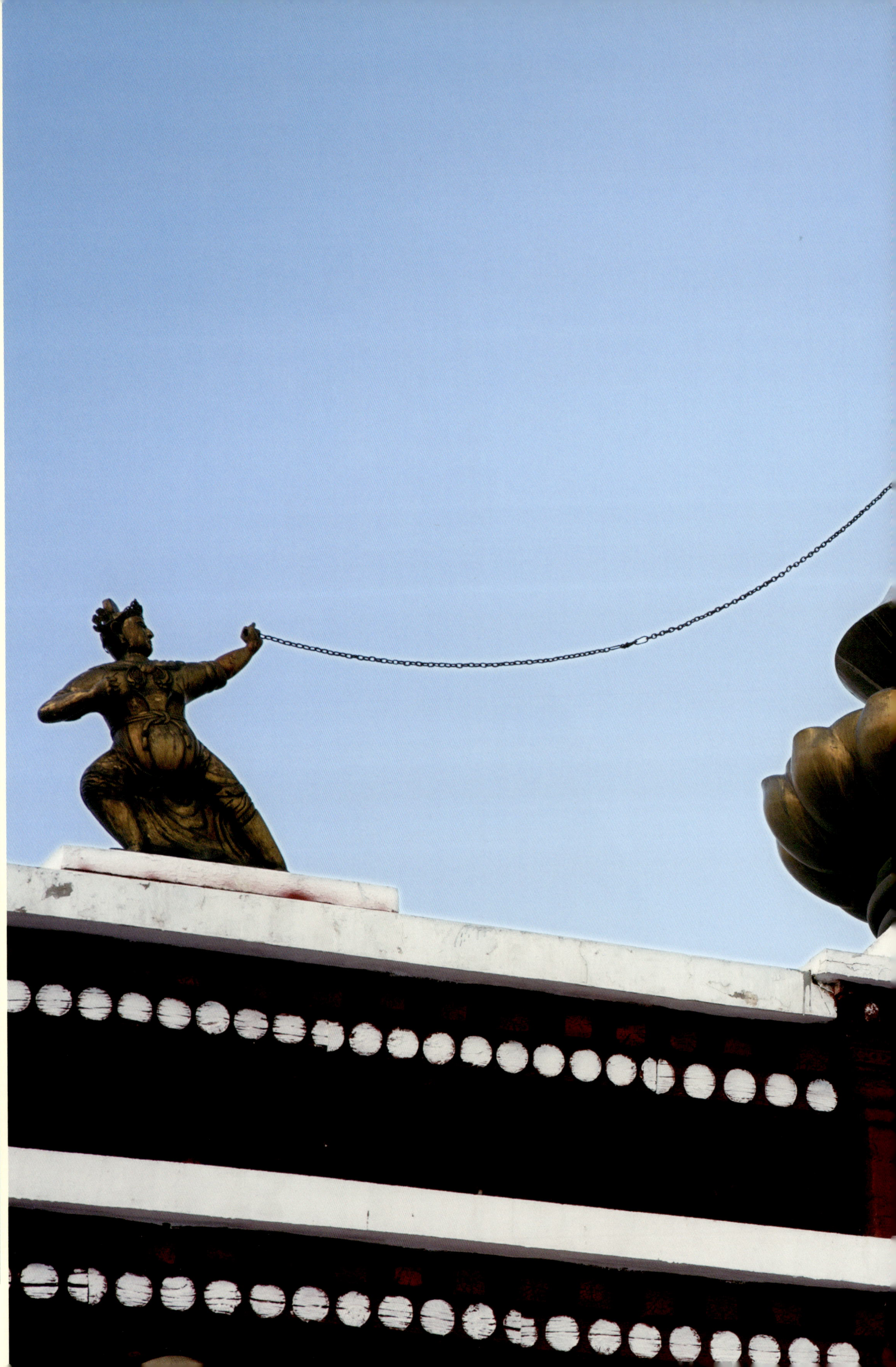

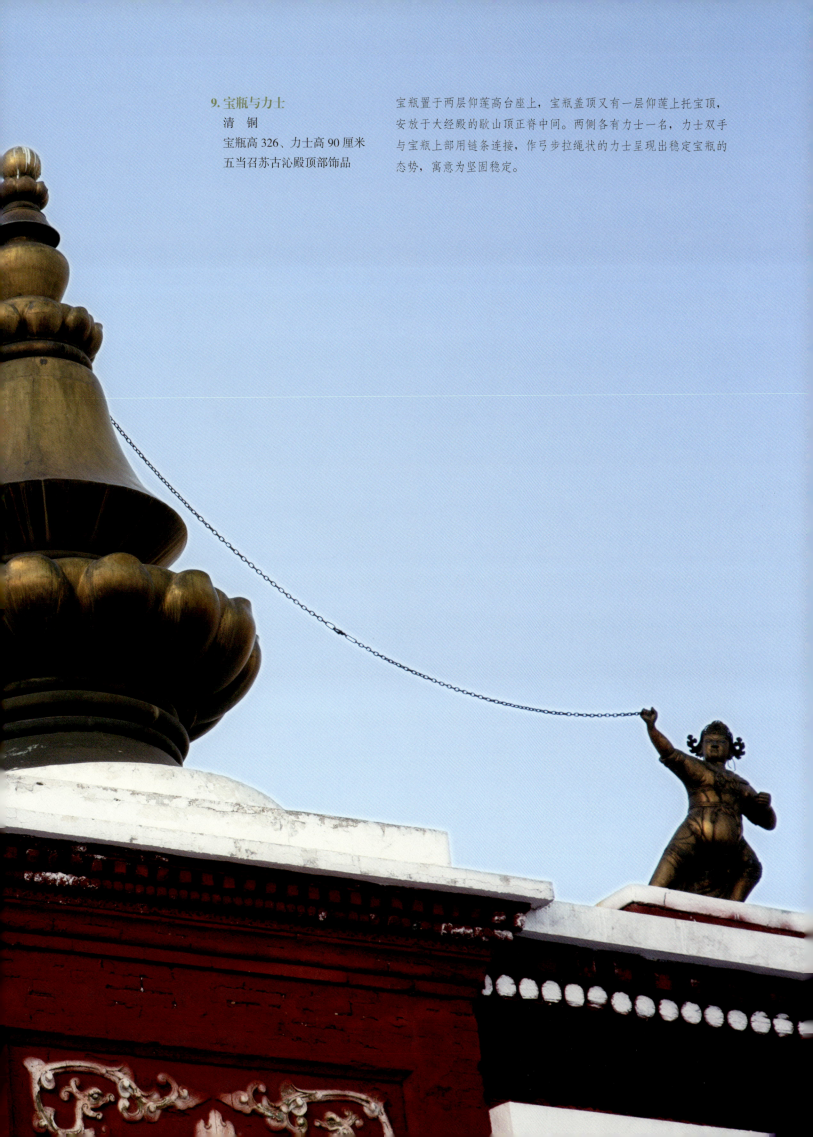

9. 宝瓶与力士
　　清　铜
　　宝瓶高 326、力士高 90 厘米
　　五当召苏古沁殿顶部饰品

宝瓶置于两层仰莲高台座上，宝瓶盖顶又有一层仰莲上托宝顶，安放于大经殿的歇山顶正脊中间。两侧各有力士一名，力士双手与宝瓶上部用链条连接，作弓步拉绳状的力士呈现出稳定宝瓶的态势，寓意为坚固稳定。

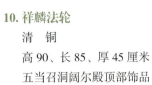

10. 祥麟法轮

清 铜

高 90、长 85、厚 45 厘米

五当召洞阔尔殿顶部饰品

由仰视跪卧双鹿及金轮组成，双鹿平和、顺从地默跪在金轮两侧的束腰形莲花台上，公鹿在右，母鹿在左，鹿的温厚与优雅体现了真正的佛教托钵僧的素养。双鹿侧伴八辐法轮是佛教徽相，代表着佛陀在鹿野苑的首次传法，被称为"初转法轮"。作为佛陀教义的象征，立体祥麟法轮徽相上置于寺庙屋顶的正中间，它发出的光芒象征着佛法。此物三件合一，铸造工艺精美，造型独特，形态逼真，是佛教屋顶装饰法器中的佳品。

11. 宝幢

清 铜

高 234、底径 93 厘米

五当召苏古沁殿顶部饰品

幢身上部装饰八瑞相图案，上托宝顶。宝幢又称胜利幢，是寺院和王宫建筑顶层的装饰物，位于屋顶两侧边角处，高度一般在 2 米到 6 米左右，象征着佛法昌盛。这对宝幢立于苏古沁殿殿顶，东西各一，幢身上部装饰八瑞相图案，上托宝顶。两件背后均刻有藏文，由于年久藏文已模糊，西侧记述了喇嘛洛桑道尔吉捐献广觉寺宝幢事宜，东侧为吉祥颂词。

西侧宝幢刻藏文
纵 20、横 32 厘米

东侧宝幢刻藏文
纵 14、横 28 厘米

12. 八瑞相供器
清　铜
高 18 厘米
五当召博物馆藏

是藏传佛教赋有深刻内涵的一种组合式精品，分别为白伞、一对金鱼、宝瓶、妙莲、右旋白螺、吉祥结、胜利幢、法轮，可单独成形，也可堆成一个整体图案。在佛教传统中，象征好运的八瑞相代表释迦牟尼得道时伟大吠陀教众神敬献他的供物，寓意吉祥。

13. 八瑞相供器

　清　银

　高 22、底座直径 8 厘米

　五当召博物馆藏

是藏传佛教赋有深刻内涵的一种组合式精品，分别为白伞、一对金鱼、宝瓶、妙莲、右旋白螺、吉祥结、胜利幢、法轮，可单独成形，也可堆成一个整体图案。在佛教传统中，象征好运的八瑞相代表释迦牟尼得道时伟大吠陀教众神敬献他的供物，寓意吉祥。

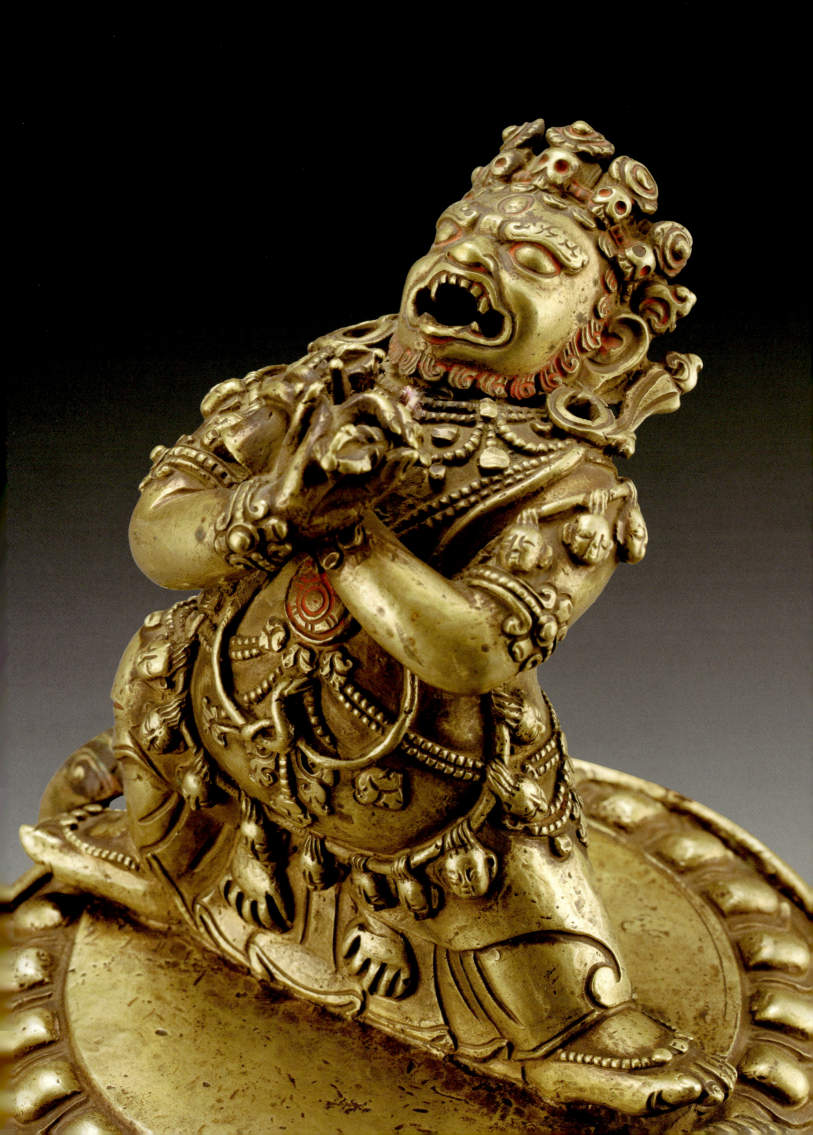

14. 噉食空行母香炉

　明　铜鎏金

　高 20、直径 13 厘米

　五当召博物馆藏

香炉由盖和三足炉组成。炉体直口平沿，扁球形，两侧附内敛耳，三矮足上有浮雕如意云纹。香炉盖为噉食空行母造型，头戴骷髅冠，双目圆睁，面朝天，张大嘴，双手于胸前交叉，左手金刚铃，右手金刚杵，左展立姿站于覆莲盖上。此香炉造型奇特，形象生动，是藏传佛教火供仪式上所用的一件重要法器。底款"大明宣德年制"。

159

15. 啖食空行母香炉
　　清　铜
　　高 25、底径 11 厘米
　　五当召洞阔尔活佛府藏

香炉由盖和三足炉组成。香炉盖为啖食空行母，仰头张口，头戴五骷髅冠，三目圆睁，大耳垂肩戴耳饰，颈戴人头项饰，佩珠饰，右手持金刚杵，左手持金刚铃，上身袒露，下身穿虎皮裙，交脚坐于覆莲座上。香炉三足，饰莲花，炉身为圆柱体，周身饰八瑞相图案，周边上饰卷草纹，镂空圆形孔，下饰回纹。

16. 大型莲纹长明灯
　　清　铜
　高 58、口径 44 厘米
　五当召苏卜盖陵藏

弧腹，由覆铃状底座、珠形饰灯把、盆形灯盏三部分组成，座上部与灯盏底部均饰有莲花瓣纹。供灯时，在灯盏里放入灯漂，注入融化的酥油，即可点燃。其灯盏、灯油及灯光代表空、明和双运之意，代表光明和智慧。

17. 中型莲纹长明灯
　　清　铜
　高 13、口径 10.3 厘米
　五当召当圪希德殿藏

是佛教供奉时用的法器，由底座、灯把、灯盏三部分组成。灯盏腹部镶银，纹莲饰，底座饰莲瓣纹。

18. 中型素面长明灯
　　清　银
　高 13.5、口径 10.5 厘米
　五当召洞阔尔殿藏

纯银铸造而成，由底足、灯柱、灯杯三部分组成。大敞口，卷沿，深腹，高圈足。

19. 方形供盘

清 铜

高 19、长 58.5、宽 34.5 厘米

五当召苏古沁殿藏

敞口，斜直腹，莲花座，双如意形环。两边饰有二龙及摩尼宝珠图案，盘角饰束莲纹，盘足饰细长莲瓣。

20. 三足嘎巴拉碗

　清　铜鎏金

　高 21、腹径 18 厘米

166　五当召博物馆藏

由铜鎏金盖、颅骨碗、银内壁、铜鎏金外支架四部分组成。盖饰有缠枝花纹及八瑞相图案，顶部配有五股金刚杵式钮，外面四股自摩羯口中伸出，下为束腰仰覆莲座；碗为椭圆形颅骨，内镶嵌纯银；底部为铜鎏金火焰底座，配有人头造型三足支架。工艺精湛，造型精美，是佛教法器中的佳品。

21. 带座嘎巴拉碗
　清　铜
　高 17 厘米
　五当召西三楼藏

三角形底座，三足外撇，足间镂空两半圆形孔，腹饰三人首。椭圆形盖，宽折沿，饰有十字金刚杵图案，盖上配有四股钢叉的钮。

22. 嘎巴拉碗
　清　银
高 7.5、口径 16.5 厘米
五当召洞阔尔活佛府藏

椭圆形，人颅骨制成碗，碗心镶银，边缘饰枝蔓草叶纹。祭祀时用于盛装祭祀供品。

23. 八瑞相供碗

清 铜

高9.6、口径16.5、底径9.5厘米

五当召喇弥仁殿藏

敞口，鼓腹，圈足。腹部外壁饰缠枝纹和八瑞相图案纹，圈足外壁雕饰莲瓣纹。造型工整，工艺细腻，花纹精美，用于佛像前盛装供品。

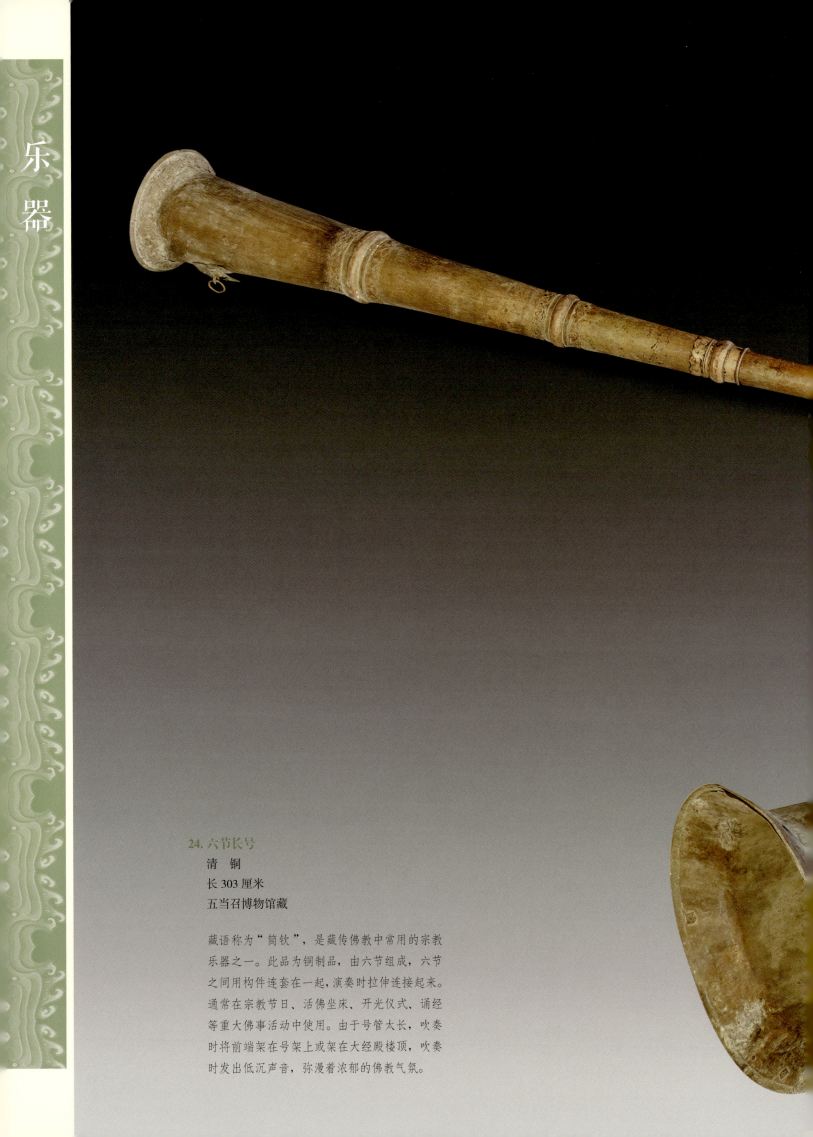

24. 六节长号

清　铜

长 303 厘米

五当召博物馆藏

藏语称为"筒钦"，是藏传佛教中常用的宗教
乐器之一。此品为铜制品，由六节组成，六节
之间用构件连套在一起，演奏时拉伸连接起来。
通常在宗教节日、活佛坐床、开光仪式、诵经
等重大佛事活动中使用。由于号管太长，吹奏
时将前端架在号架上或架在大经殿楼顶，吹奏
时发出低沉声音，弥漫着浓郁的佛教气氛。

25. 刻藏文五节长号

清 铜

长 330 厘米

五当召苏古沁殿藏

藏语称为"简钦",是藏传佛教中常用的宗
教乐器之一。此品为铜制品,由五节组成,
五节之间用构件连套在一起,演奏时拉伸连
接起来。号管上钉有金属片,刻藏文,意为
"土默特部落格西庙弟子贡却丹培,为了后
世的安乐,以真诚的信仰所供奉"。

26. 刻藏文海螺号

清 贝

长 31、腹径 9.5 厘米

五当召洞阔尔活佛府藏

白色包银鎏金左旋海螺号。在顶部螺旋处包银，制作成为海螺号吹口；下螺旋处包银，内壁刻有藏文，意为："僧众兴旺犹如上弦月，且对闻思如规勤奋修。尤其法王宗喀巴圣教，广遍十方兴盛愿吉祥。五当召奉献"。外壁内侧浮雕双龙，外沿浮雕八瑞相图，绿松石和珊瑚点缀其间。

27. 包银海螺号

清 贝

长 21、腹径 10 厘米

五当召博物馆藏

白色左旋海螺，在顶部、腹部和底部包银，镶嵌绿松石、
珊瑚。顶部包银，制作成为海螺号吹口。作为法器的海
螺多为白色，按照佛经所说，佛祖释迦牟尼讲经说法时
声音宏亮如同大海螺声，响彻四方，因此用海螺代表发音。

28. 人头鼓
　　清　骨
　高 8、最下直径 11 厘米
　五当召博物馆藏

由两个人头颅骨半圆组成，半圆的拱顶处连在一起。将羊皮浸泡水中，再
将其粘在两个人骨半球边缘，待皮干后涂成绿色，即制作成人头骨。鼓腰
两侧挂有两个用线钩制的小球，用于击鼓，鼓腰间还饰有珊瑚、银片、绿
松石等。摇动人头鼓，象征着方法和智慧的结合就是相对和绝对菩提心露。

29. 八瑞相净水瓶

清 银

高 16 厘米

五当召苏卜盖陵藏

纯银铸造。鼓腹, 长流, 高圈足, 通体浮雕八瑞相图案。平顶覆盆式盖, 盖上插五根一组的孔雀翎, 象征着贪、嗔、痴、慢、嫉"五毒"嬗变为五佛智, 其发光的金色翎杆代表佛陀无数的方便和方法。是佛事活动中作为灌顶器物, 盛净水之用, 也可用于闭关时, 用内装净水洒于食物上即可达到除障去秽的效果。

30. 净水瓶

　　清　银

　　高 25 厘米

186　五当召博物馆藏

纯银铸造。鼓腹，长流，高圈足。覆盆式带筒状钮盖，盖腹部浮雕八瑞相图案，顶部有孔可插五根一组的孔雀翎。壶嘴嵌宝石，圈足外壁浮雕覆莲座。

31. 贲巴瓶

　　清　铜鎏金

　　高 12.5 厘米

188　五当召苏卜盖陵藏

外壁为铜鎏金。鼓腹，高圈足，平顶覆盆式盖。盖上饰有八瑞相图案，颈部饰有卷草纹，腹部饰有缠枝莲花纹，莲心镶嵌红珊瑚，底部覆莲座。是佛事活动中盛装净水的器物中的一种，称为"主瓶"，无长流，象征着神灵的观修坛城，内装有灌顶水，一般用来供奉。

32. 大净瓶

清 铜

高 90、底径 30.5 厘米

五当召苏古沁殿藏

长流，塔式盖，鼓腹，平肩，高圈足。盖部、肩部及足部均饰莲瓣纹，腹垂璎珞纹。

33. 金刚铃、杵

清　铜

铃通高 22.2 、口径 10.9 厘米

杵长 17.6、宽 5.2 厘米

五当召洞阔尔活佛府藏

金刚铃和杵为一套。金刚铃柄部有金刚杵及戴五叶冠大智慧波罗蜜多女神头像，连接处刻有"乾隆年造"，铃身肩部莲瓣中有藏文，肩下饰一周横金刚杵，中部饰一周法轮，下部饰一周竖金刚杵纹饰。铃内刻藏文和莲花纹，悬铃舌。此铃又称为藏铃，用于督励众生精进及警觉诸佛菩萨。金刚杵为对称莲花纹，有一中轴股叉，四大方位有四个弯曲外股叉，从摩羯嘴里伸出，与中央股叉末端连为一体，中间有把手刻有"乾隆年造"。

34. 法衣

清 骨

帽子高 10、直径 21 厘米

项链长 62 厘米

裙腰宽 97、长 89 厘米

五当召博物馆藏

牦牛骨制成，用线将骨片及骨珠穿连成为帽及璎珞状衣服形状。骨片采用镂空雕技法，雕刻舞立姿菩萨装尊像、莲花、金刚杵、骷髅图案及圆珠等，雕刻工艺细致精美，造型独特，是清代典型的藏式法衣。

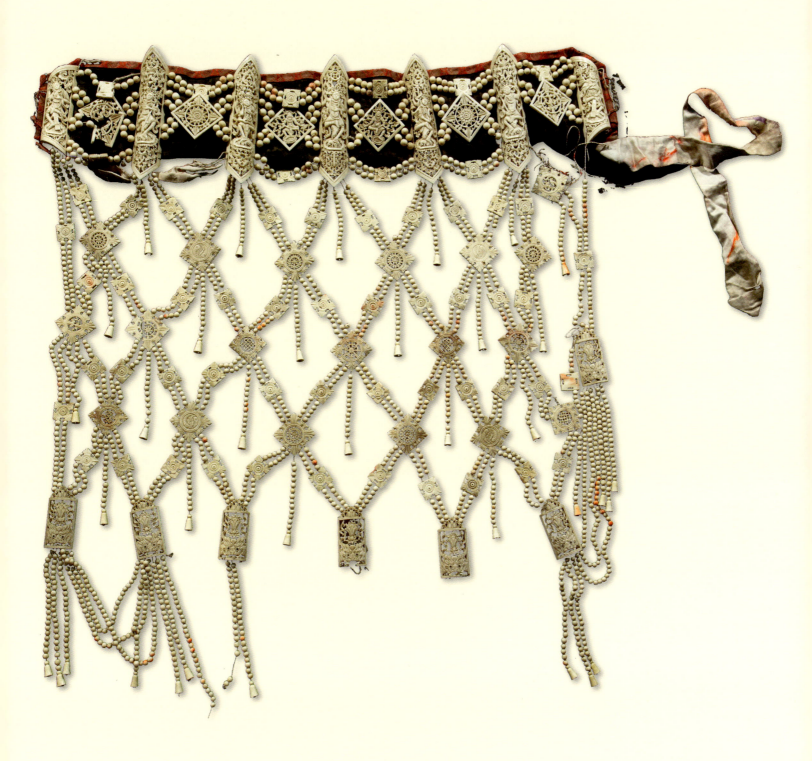

35. 佛龛

清 木

长66、宽64厘米

五当召苏卜盖陵供奉

整体呈菱花形状，是供奉佛像的小阁子。边框浮雕卷草纹，上下饰有四衔灵芝龙首，龙身与卷草纹相连。内部图案为祥云纹，深雕60个小佛龛，供60尊佛像。

36. 念珠

清 玛瑙

身子佛珠直径 1.1 厘米

五当召博物馆藏

由身子、佛头、记捻三部分组成。身子佛珠为绿松石，隔珠及佛头为粉晶珠，绿松石 108 颗，其他佩珠 34 颗。外串三串"记捻"，表示一个月的上中下旬，总和为 30 天。念珠主要是僧侣念佛时为了摄心一念而拨动计数的工具。

37. 念珠

清　玛瑙

身子佛珠直径 2 厘米

五当召博物馆藏

圆形，中间穿孔。蓝色为青金石，绿色
为天河石，红色为玛瑙，共 179 颗。

其他

1. 玉石
　清 玉
　高 7.5、长 12.4、宽 11 厘米
　五当召苏卜盖陵藏

为一块不规则扁平天然绿色玉石，顶面光滑。为保护玉石，后用实木制作成寿桃形玉石底座。底座中心部位按照玉石形状雕空，正面浮雕双龙与祥云纹。

2. 八瑞相如意

清　木柄嵌玉

长 44、头宽 8 厘米

五当召博物馆藏

如意寓意吉祥如意，万事顺利，在古代的民间和宫廷之中被作为美好的祝愿，赠予家人或亲友，它也是佛僧讲经之时所携带的道具，以此求得称心如意与平安祥和。清代宫廷喜爱尊宠，赐赏"如意"蔚然成风，更是权力地位和财富的象征。玉石均有浮雕，雕刻藏传佛教八瑞相图案，头部边缘雕刻白伞、宝瓶、妙莲、右旋白螺，中间雕刻"寿"字；中部雕刻有胜利幢、金鱼、吉祥结图案；柄的下端雕刻有法轮。

3. 莲花如意

清　木柄嵌玉

长 45、头宽 8 厘米

五当召博物馆藏

呈弓形，木柄嵌三片圆形或椭圆形玉石。头端雕刻荷叶莲花，中间为海水莲花，尾端为莲花。

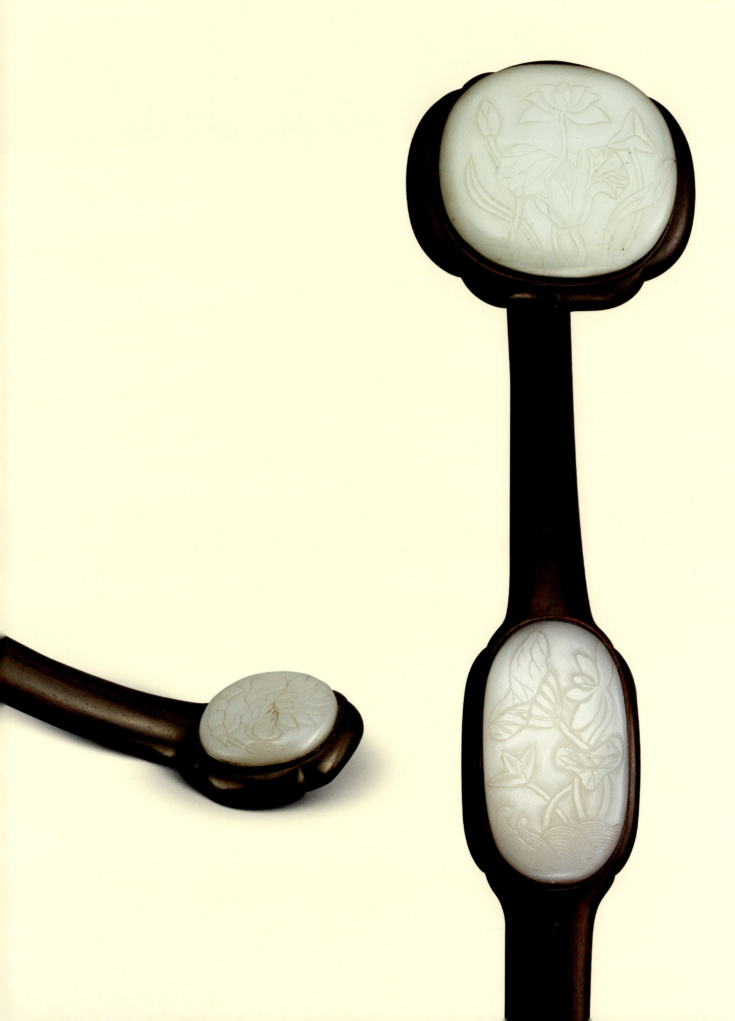

4. 花鸟纹如意
　　清　木柄嵌玉
　　长 38、头宽 7 厘米
　　五当召博物馆藏

呈弓形，木柄嵌三片椭圆形玉石，玉石均有雕刻。头部为浮雕，雕刻折枝石榴，中部镂雕飞翔的双鹊及梅花，下端镂雕一立于花叶之间的展翅回首鸟。技艺娴熟，玲珑剔透。

5. 福寿如意

清　木柄嵌玉

长 50、头宽 8.6 厘米

五当召博物馆藏

呈弓形，木柄嵌三片玉石，头部雕两寿桃及枝叶，中部雕折枝佛手和一只飞翔的蝙蝠。下端玉片丢失。

6. 佛手灵芝如意
清　翡翠
长 34、头宽 4.7 厘米
五当召博物馆藏

圆雕，带木托。随形设计，灵芝、佛手
相缠绕，构思巧妙。头部灵芝硕大，形
成如意头，其上方雕佛手，中部和尾部
各有一小灵芝，中部靠上雕小佛手，尾
端灵芝下留穿。

7. 玉碗
清　白玉
高 4.9、口径 11.2、底径 3.5 厘米
五当召洞阔尔活佛府藏

白色，敞口，深腹，圈足。玉质温润，
用整块玉雕琢而成，无纹饰。

8. 青花如意双耳尊

清　瓷

高 25、腹径 17 厘米

五当召博物馆藏

钵形口，细长颈，双如意耳，鼓腹，平底，圈足。腹部以青花缠枝西番莲为主题纹饰，颈部饰莲叶、回纹、十字花叶、覆莲瓣、如意双耳，近足处为仰莲瓣纹。底部署三列篆书"大清乾隆年制"款。外壁青花呈色纯正，发色艳丽，画工精细，图案精美。

9. 青花五福捧寿盘
　　清　瓷
　　高 5、口径 26.5 厘米
　　五当召博物馆藏

菱花口，浅腹，圈足，豆青釉青花器。盘底绘五福捧寿图案，口沿绘一周简略蝙蝠纹。底部中心署"大清乾隆年制"六字三列篆体款。

10. 青花帝盖凤穿花将军罐

清　瓷

高 33、口径 11.5 厘米

五当召博物馆藏

罐带宽沿，弓顶盖带桃形钮，盖残。子母口，矮直领，鼓肩，卜腹斜收，圈足外撇。盖及罐腹均饰以青花缠枝西蕃莲纹，双凤对称飞穿其间，口沿饰一周如意云头纹，近底饰一周两组相对的斜线纹。

11. 霁蓝釉盘

　　清　瓷

　　高 4、口径 20.5 厘米

　　五当召博物馆藏

敞口，浅腹，圈足。内施白釉，外施霁蓝釉。
外底署青花书"大清乾隆年制"六字三列
篆书款。五当召藏有一对，形制、釉色相同。

12. 霁蓝釉碗
　　清　瓷
　　高 6、口径 15 厘米
　　五当召博物馆藏

敞口，斜深腹，圈足，霁蓝釉。底款
六字三列篆书"大清乾隆年制"。

13. 仿哥釉琮式瓶
　　清　瓷
　　高 28、宽 14、口径 8.3 厘米
　　五当召博物馆藏

圆口，短颈，折肩，方直腹，圈足。通体内外及底部均施仿哥釉，饰暗八卦图案，有冰裂纹。底部青花署"大清乾隆年制"六字三列篆体款。此类琮瓶，五当召藏有一对，形制、釉色相同。

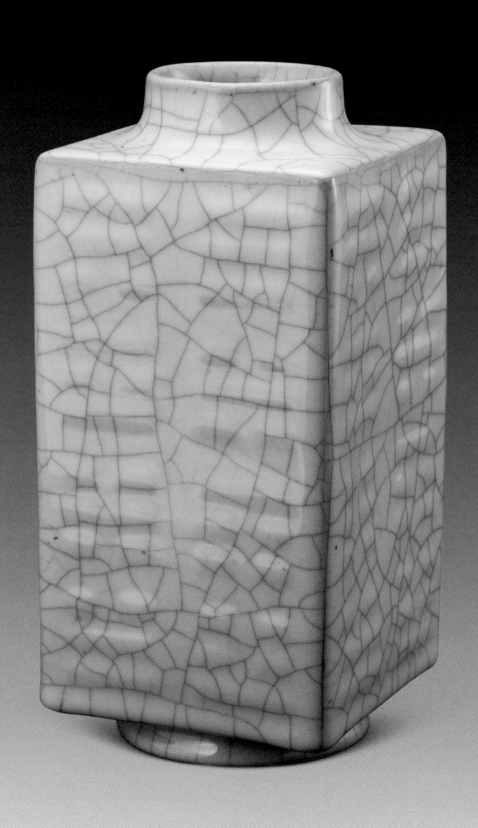

14. 钧窑天球瓶
　　清　瓷
　　高 21.5、口径 3.5 厘米
　　五当召博物馆藏

瓶直口，细长颈，溜肩，鼓腹，圈足。外壁挂红釉，口沿露白，足内白釉泛黄。红釉的特点是釉层较厚，釉面光亮，呈色浓艳。

15. 粉彩红底开光牡丹纹碗
　清　瓷
　高 6、口径 12.7 厘米
　五当召博物馆藏

敞口，弧壁，深腹，圈足。内施白釉，外壁红底三黄釉开光，饰缠枝牡丹，三开光内亦各饰一牡丹。外底青花双圈内署"彩秀堂制"四字楷书款。彩秀堂为清乾隆时期堂号。

16. 粉彩"万寿无疆"碗
   清 瓷
高 5.5、口径 11.7 厘米
五当召博物馆藏

敞口、弧壁、深腹、圈足。外施黄釉，内施白釉。外壁口沿饰一周回纹，腹部为祥云和飘带，开光间内写"万寿无疆"四字。再下有海水纹及每字下面伸出的六齿叶纹。外底圈足内署"大清光绪年制"六字双列楷书款。

17. 粉彩十八罗汉碗
  清　瓷
  高9、口径17厘米
  五当召博物馆藏

敞口，深腹，圈足。粉彩白釉，内壁口沿一周珍珠底装饰，开光内有虾鱼蚌蟹图案；碗心绘喜庆罗汉；外壁腹部绘十八罗汉；底部绘双龙，双龙间署"大雄宝殿"款。是专为寺庙定制用品。

18. 粉彩十八罗汉碗
　　清　瓷
　　高 9、口径 17.5 厘米
　　五当召博物馆藏

敞口，深腹，圈足，碗口沿有裂纹。通体白釉，碗心绘布袋罗汉；外壁腹部绘十八罗汉；底部绘二龙戏珠纹，双龙间楷书"大雄宝殿"款。是专为寺庙定制用品。

黄色。口微敞，深腹，圈足，素面。底部圈足中心双方框内不规整楷书"乾隆年制"款。五当召藏有一对，形制、色彩相同。

19."乾隆年制"款黄色碗
清　玻璃
高 6.1、口径 12.5 厘米
五当召博物馆藏

20. "乾隆年制"款蓝色碗
　　清　玻璃
　　高 5.5、口径 11 厘米
　　五当召博物馆藏

蓝色。撇口，腹较深，大圈足。器身外壁雕刻枝叶纹，底部圈足中心方框内楷书"乾隆年制"款。

棕色。直口微敛，深腹，圈足。沿
下刻划一周弦纹，底部方框内不规
整楷书"光绪年制"款。

21."光绪年制"款棕色碗
   清　玻璃
   高 6.5、口径 13 厘米

　五当召博物馆藏

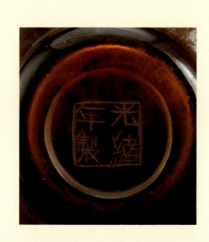

22. 黄色浅腹碗

　清　玻璃

　高 4、口径 13 厘米

　五当召博物馆藏

黄色。一对，形制、色彩相同。敞口，弧腹较浅，底平，大圈足，素面。

23. **"嘉庆年制"款渣斗**

清　玻璃

高 10、口径 8.5 厘米

五当召博物馆藏

蓝色。大敞口，长颈，鼓腹，高圈足。素面。底部圈足中心方框内楷书"嘉庆年制"款。

24. "光绪年制" 款长颈瓶

清　玻璃

高 22.5、口径 4 厘米

五当召博物馆藏

蓝色。平沿，上大下小管状长颈，鼓肩，平底内凹。底部方框内刻不太规整"光绪年制"款。

25. 双铺首缠枝莲纹瓶

清　铜胎珐琅

高 40、口径 15、腹径 27、底径 23 厘米

五当召博物馆藏

盘口，长粗颈，鼓腹，肩饰铺首衔环，高圈足。通体铜胎，外壁为珐琅釉，器身满饰缠枝西番莲纹饰。铜胎珐琅，是用细扁铜丝做线条，在铜制的胎上捏出各种图案花纹，再将五彩珐琅点填在花纹内，经烧制、磨平镀金而成。

敛口，鼓腹，矮圈足。通体铜胎，外壁为珐琅釉，
装饰缠枝莲纹及变形夔龙纹图案，彩嵌工艺细
腻精美。

26. 洗

清　铜胎珐琅

高 7.1、口径 12、腹径 18、底径 7 厘米

五当召苏卜盖陵藏

27. 人物碗

清　铜胎珐琅

高 9.5、口径 11.5 厘米

五当召博物馆藏

一对，形制、色彩相同，图案不同。敞口，深腹，圈足，带盖。均绘制西洋人物故事，其一碗外壁绘制西洋人物垂钓、赏鱼，另一碗绘制西洋人物休闲、燃放鞭炮等场景。

28. 火镰

清　镶银石英石
通长 10 厘米
五当召洞阔尔活佛府藏

取火用具，由火镰及其附属装饰物组成。火镰为长方形，嵌于牛皮制成的皮件内，镰刃嵌铁，脊部饰如意形银环。银环上线绳连接圆形刻有花纹且嵌红珊瑚的银牌饰和带饰，带饰上端有扁圆形银环，可用绳系于腰间。火镰正面饰银鎏金镂空蔓草纹，镶嵌大小红珊瑚六颗，背面镶嵌五颗红珊瑚，装饰带上饰有绿松石和青金石。火镰与装饰带有流苏套连，火镰环上配有皮条做成的佩带，极具游牧民族特色。

29. 执壶

清 银鎏金

高 22、口径 10、腹径 15、底径 11 厘米

五当召博物馆藏

子母口。带把、流，鼓腹，高圈足。把饰龙头纹，流饰摩羯纹，肩与足饰莲瓣纹。纯银打造，盖顶、颈、肩、流、把、足等部位均为鎏金。造型独特，工艺精美，厚重华贵。为活佛所使用。

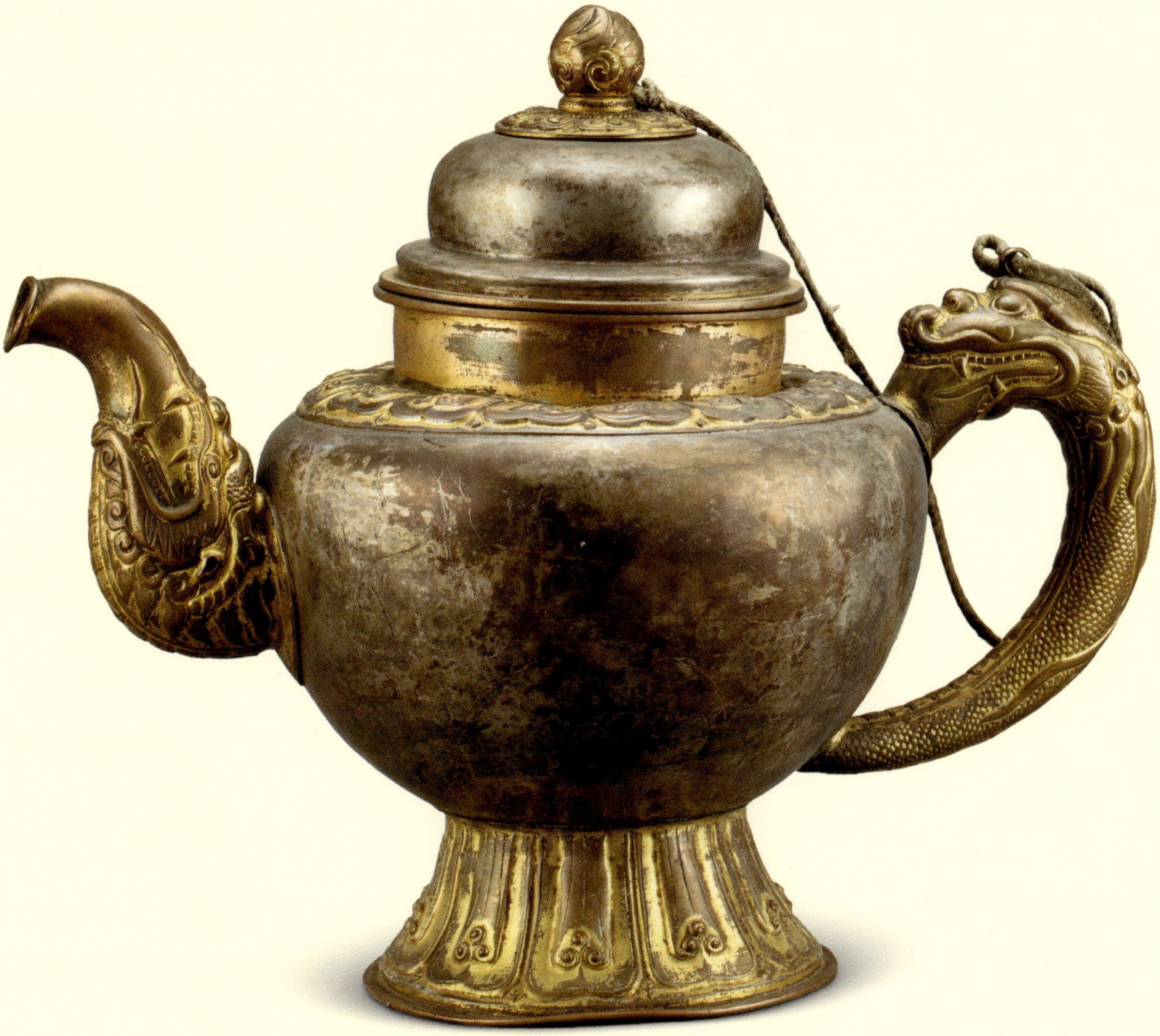

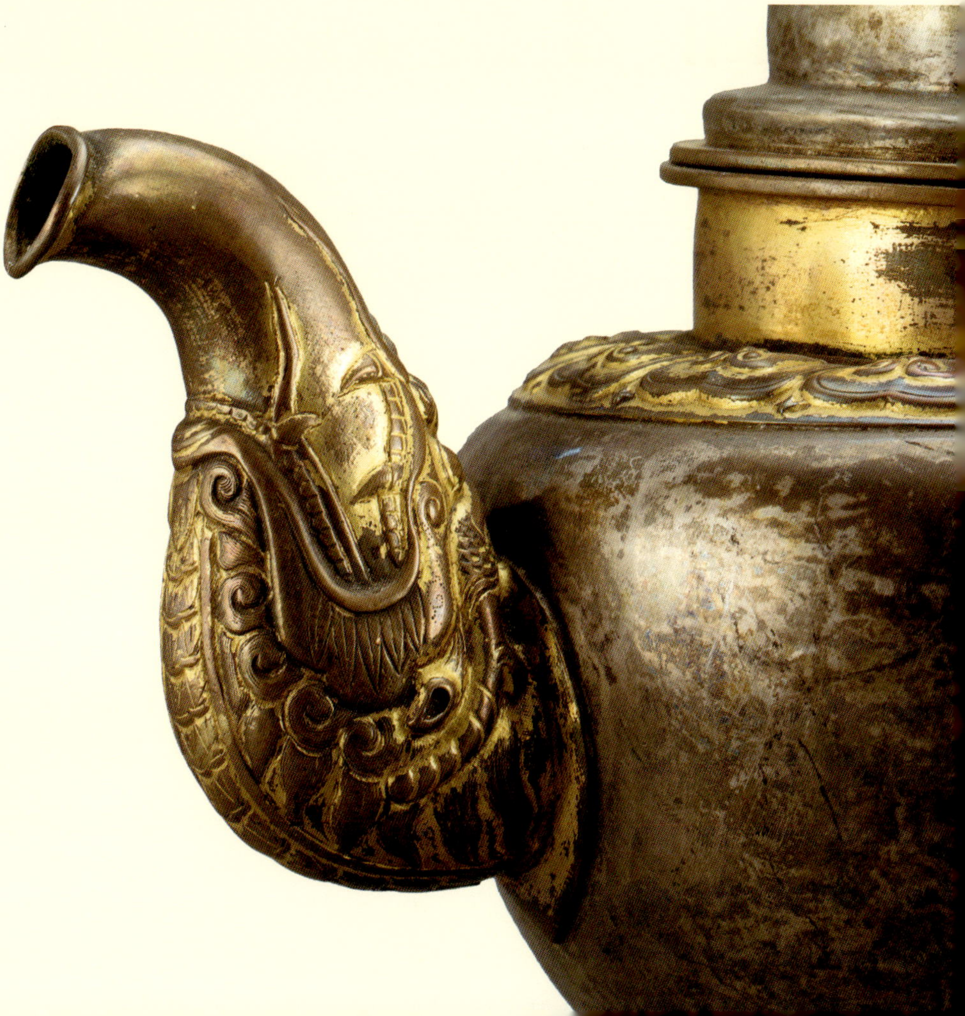

30. 执壶

清　银

高 29、宽 26、口径 11、腹径 23、底径 16 厘米

五当召博物馆藏

子母口，鼓腹，圈足，带盖。盖顶、圈足饰莲瓣纹，把饰龙纹，流饰摩羯纹。

子母口，长颈，平肩，收腹，高圈足，长流，带把，盖与把用银链连接。
盖上饰盘龙纹，颈部饰七政宝，腹部两侧开光饰盘龙祥云纹，肩、圈
足饰莲瓣纹，把饰龙纹，流饰摩羯纹。纯银打造，造型独特，工艺精美。

31. 执壶

清　银

高 26、宽 20、腹径 13、底径 6 厘米

五当召博物馆藏

32."黄绍竑敬赠"执壶

民国　银

高18、宽21、口径8.5、底径6.5厘米

五当召博物馆藏

壶带弧顶盖,子母口,并有连接扣。盖钮为四节竹节呈"7"字形弯曲,以钮为中心,盖面饰放射状竹叶装饰。壶口外敞,粗颈内束,鼓腹靠下,矮圈足。腹两侧饰折枝菊花纹,一侧菊花为长匙状叶,花上方圆圈内楷书竖刻"黄绍竑敬赠"五字,另一侧为平叶菊花。壶把、流均呈竹节状,共五节。把连接腹径最大处和壶口沿,呈耳状,两端竹节处饰乳丁及骨质套环。长流,口内折。

香炉双环耳，三象首足，罐式腹。
底款楷书"大明宣德年制"。

33. "大明宣德年制"款香炉

明　铜

高 14.5、口径 11.5、腹径 13 厘米

五当召博物馆藏

34. "戌辰米生堂制"款香炉

清 铜

高 19、口径 16、腹径 21.5 厘米

五当召博物馆藏

为带盖双耳环圆底三蹄足香炉。盖上及双耳下巧妙布局装饰五只狻猊。盖中央镂一大孔，边镂小孔。炉体饰乳丁纹。三足饰如意云纹、"目"纹等。底款六字篆书"戌辰米生堂制"。

35. "富民县官"铜镜
金 铜
直径 18、厚 0.6、缘宽 1.5 厘米
五当召博物馆藏

半球形钮，缘较宽，内浮雕云龙纹，双龙缠绕，龙角细长。缘錾刻"富民县官"字样，字下有花押标记，这是金代铸铜镜必须有的官府验记，富民县归金丰州管辖。

36. 锁子甲上衣

清　铁

身长 103、袖长 46 厘米

五当召博物馆藏

用细小的铁环锁套制作而成。三角领，正前下方
有开衩。所有重量都由肩膀承担，可以有效防护
刀剑枪矛等利器攻击，对弓弩也具备防御作用。

37. "广觉寺"匾

清 木

长 110、宽 98 厘米

五当召洞阔尔殿藏

木制，此匾分为内外两部分。外部四周雕刻祥云、枝蔓和龙纹图案，顶雕一龙首，两侧各雕二龙，龙头部分佚，下部二龙相对，中间有火焰宝珠。内部蓝底从左至右雕刻清乾隆皇帝题满、汉、蒙、藏四种文字"广觉寺"，上部阴文篆书"乾隆御制"四字。五当召现存御赐"广觉寺"纸样，是用双勾线勾描的满、汉、蒙、藏四种文字，背后写有一行汉字"章嘉胡吐克图请讨四样字篇一面广觉寺"。章嘉活佛将四体文字及赐名印文纸样，交呼和浩特美岱召辅国公喇嘛扎布带回，五当召按字样所制之匾悬挂于洞阔尔殿殿门之上。

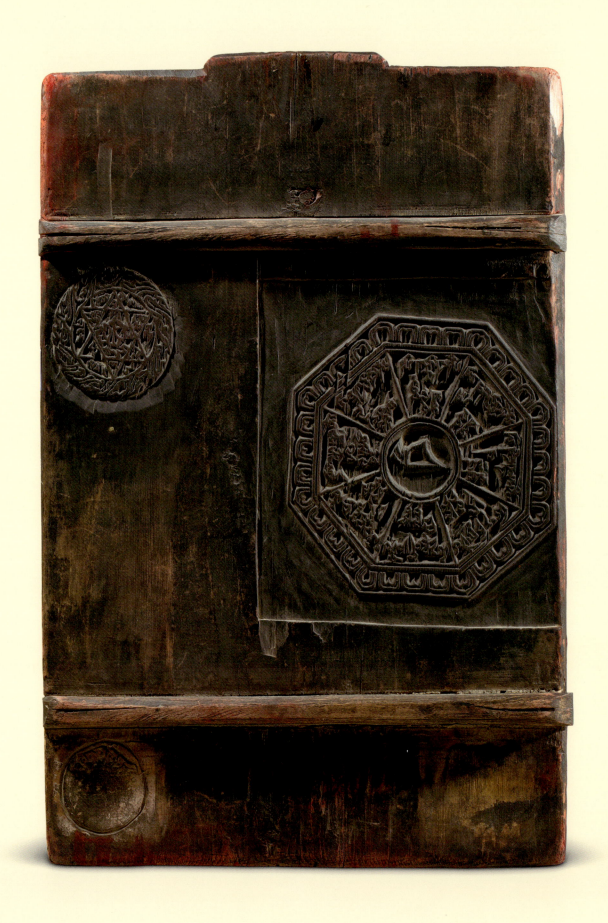

38. 释迦牟尼与七佛印版

清　木

长 35.5、宽 25、厚 2.5 厘米

五当召博物馆藏

长方形，顶端外凸，浮雕。正中为释迦牟尼佛，圆形头光背光，穿袈裟，双手结禅定印托钵，结跏趺坐于须弥座上，周边有七佛、四大天王等。背后嵌二横杠，横杠间靠上位置雕刻八棱形图案，外圆内六角形图案咒轮。

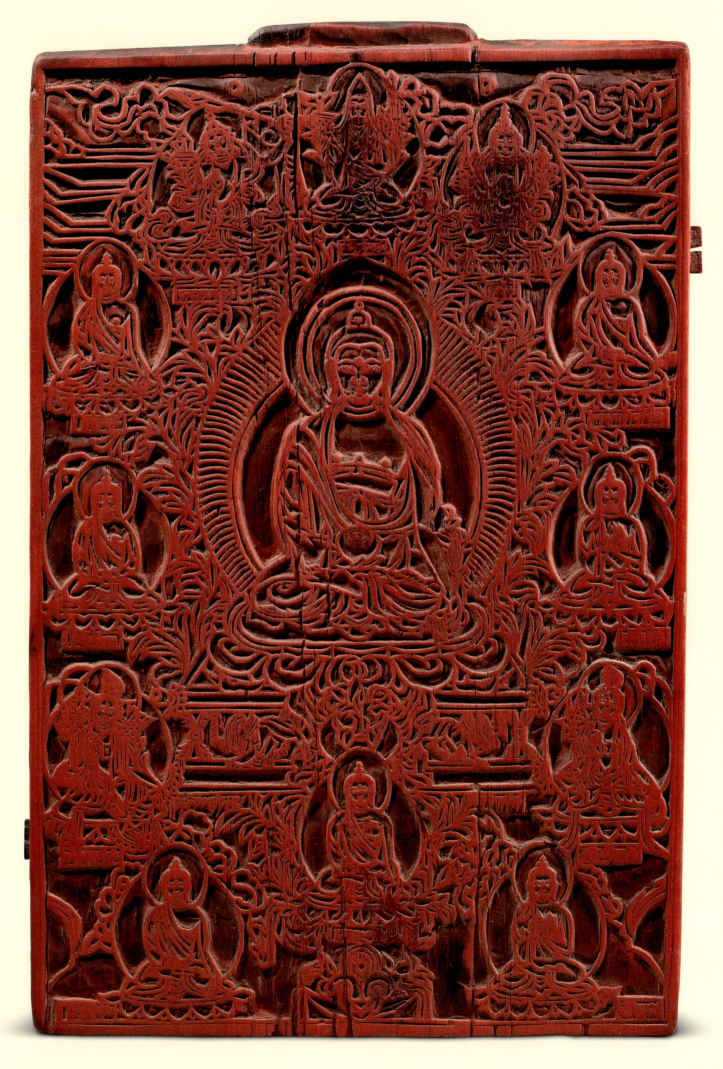

39. 菩提塔印版

清 木

长 38.7、宽 28.4、厚 3.6 厘米

五当召洞阔尔活佛府藏

长方形，佛雕工艺。正中刻有菩提塔，由塔基、塔身、塔颈、塔尖四部分构成。塔基为多阶方形须弥座，高台须弥座最底层刻有藏文经文；塔身由宗喀巴像及火焰背光组成，宗喀巴头戴通人冠，双手持莲花，结跏趺坐于须弥座上；塔颈为十三层"伞轮"及莲花伞状顶饰；塔尖为日月及滴焰。佛塔上部有龛状窗棂装饰，两边各有一尊佛和一尊供养菩萨，常青藤两侧缠绕。

40.三联法轮金刚杵莲花咒轮印版

清 木
长 32.8、宽 11.2、厚 2.4 厘米
五当召洞阔尔活佛府藏

长方形，并排三圆形浮雕。左面为法轮，中心刻有藏文，围绕中心刻三圈藏文，轮辐有藏文字母，最外圈为八瑞相纹饰；中间图案为金刚杵，外圈双线，中心为太极图案；右边为莲花图案双圈，刻八瑞相围绕太极图案。

41. 二联八瓣莲花咒轮印版

清 木

长 35.5、宽 25、厚 2.5 厘米

五当召洞阔尔活佛府藏

长方形，浮雕圆形图案。二联图案均为八瓣莲花，莲心及莲瓣内刻有藏文。莲瓣外两圈装饰，内圈刻有金刚杵及花叶纹饰，外圈刻有火焰纹饰。正上方刻有藏文经文。

42. 奶桶

清 木、铜

高37、口径32、底径30厘米

五当召博物馆藏

由木头与铜合制而成。腹略弧，身矮，带铜流、双耳和桃形钮盖。桶壁及盖为木头并包铜皮，腹饰铜双环，盖饰铜如意云头及莲叶，流、箍、环、耳、钮均为铜质。为用于盛装牛奶的日常生活用品。

43. 风门

民国 木
通高 260、宽 130 厘米
五当召洞阔尔活佛府

门头约呈扇形，门两侧有宽框。门顶部高浮雕二龙戏珠图，二龙盘旋于祥云之间，宝珠悬于画面之外。其下三开光，正中一开光内雕刻福禄寿三星及童子，旁雕松鹤及鹿桃；两侧开光内左为白鹭、莲花及海水、鲤鱼，右为丹凤朝阳。两侧门角均雕松鼠、葡萄。三开光下有暗八仙纹带，左侧雕刻花篮、荷花、葫芦、笛子，中间雕一菊花，右侧雕鱼鼓、玉板、宝剑、扇子。暗八仙纹带两侧有垂柱，雕如意云头、仰覆莲瓣、八棱垂珠。门窗为圆形，上下左右各雕一飞翔于祥云之中的蝙蝠连接边框。窗下雕刻一蔓草、花卉纹带。门下部两个竖长方形开光内各雕香炉及插莲花、枝叶花瓶，门下边缘雕饰回纹带，门两侧的宽框内有四大两小开光，内雕刻插于瓶或种于盆内的梅花、菊花、兰花、桂圆、莲花等。整扇门及门套雕刻精细，玲珑剔透。

44. 裹柱毯

清 毛

红底长 254、宽 118 厘米

蓝底长 580、宽 142 厘米

五当召苏古沁殿藏

用于包裹装饰大殿天井木柱的装饰品，共有四块，均饰绣盘龙祥云图案。分为两种，一种是红色背景蓝色龙身，一种是蓝色背景黄色龙身，龙鳞及尾部均为乳白色。毯上蒙文意为"领腔师云登巴拉真诚奉献"。

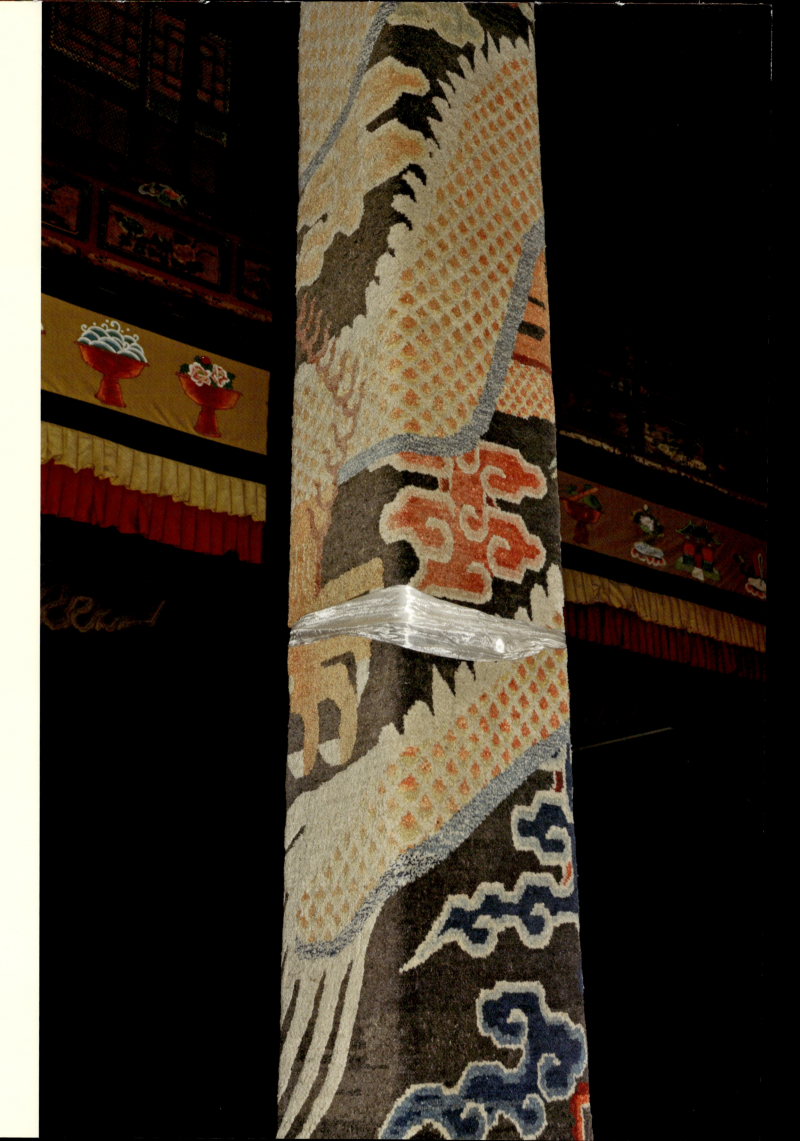

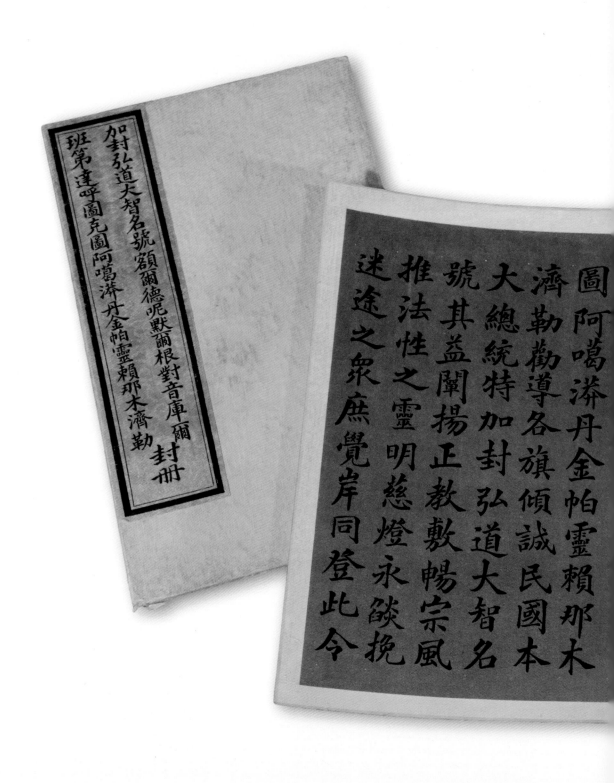

45. 五世洞阔尔活佛封册

民国　纸

纵 160、横 33 厘米

五当召博物馆藏

民国三年（1914 年），五世洞阔尔活佛前往北京觐见民国政府袁
世凯大总统，大总统颁发汉、藏两种文字封册，加盖"封册之玺"
印，尊称五世洞阔尔活佛为"呼图克图"，加封"弘道大智"名号。

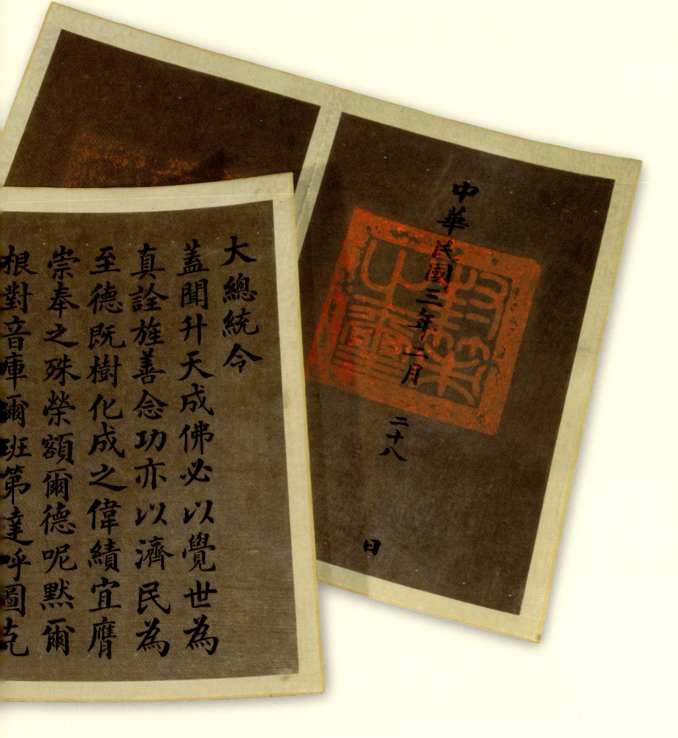

大總統令

蓋聞升天成佛必以覺世為

真詮旌善念功亦以濟民為

至德既樹化成之偉績宜膺

崇奉之殊榮額爾德呢默爾

根對音庫爾班第達呼圖克

中華民國三年十二月

二十八

日

46. 藏文大藏经

20 世纪 80 年代　纸

《甘珠尔经》每函纵 50、横 15、厚 12 厘米

《丹珠尔经》每函纵 50、横 12、厚 12 厘米

五当召苏古沁殿藏

藏文大藏经是由"甘珠尔"和"丹珠尔"两部分组成的。甘珠尔的意思是佛语部，是佛教两大派别密宗和显宗经律部分的总和；丹珠尔的意思是论部，主要是佛经的解说和注释，以及密宗仪式的叙述等内容。在苏古沁殿藏经阁藏经架上，按顺序存放着《甘珠尔经》与《丹珠尔经》，西侧为《甘珠尔经》，东侧为《丹珠尔经》。过去，这里供奉的是手工藏文刻版经卷，原经卷在"文革"中被毁，现在供奉的是新版经卷，《甘珠尔经》100 函，《丹珠尔经》225 函。